정인자 수필집

시간의 끝자락을 붙들고

소소리

시간의 끝자락을 붙들고
정인자 수필집

1판 1쇄 인쇄/ 2018년 3월 9일
1판 1쇄 발행/ 2018년 3월 15일

지은이 / 정인자
펴낸이 / 우희정
펴낸곳 / 도서출판 소소리

등록 / 제300-2007-21호
주소 / 03073 서울 종로구 성균관로 5길 39-16
전화 / 765-5663, 010-4265-5663
e-mail: sosori39@hanmail.net
www.sosori.net
　　　　　　　　　　　　　값 12,000 원

*잘못된 책은 바꿔드립니다.

ISBN 979-11-5891-102-7　　03810

시간의 끝자락을 붙들고

정인자 수필집

소소21

책머리에

첫 수필집을 내면서

　하늘이 투명하게 보인다. 마음도 한결 가벼이 새 계절을 맞이하고 있다. 자신과 소통하며 살아온 이야기를 모았다. 참 쑥스럽다. 글은 쓰면 쓸수록 어렵다는 사실을 발견하고는 책을 내는 일을 많이 망설였다.
　25년이 넘도록 써왔지만 뛰어난 글이 없다. 수필가라는 이름이 붙을 때마다 부끄러움을 느낀다. 이제 나이도 환갑을 지나다보니 마음이 달라진 것은 사실이다. 서산에 지는 해가 예사로이 보이지 않는다.
　그것을 알고 맨 처음 수필을 지도해 주신 경기대학교 국문학과 이재인 교수님을 떠올렸다. 그분은 퇴임하셔서도 제자들을 알뜰히 챙기신다. 칭찬과 격려 또한 잊혀지지 않는다. 문예대학에서 공부할 때 살아온 삶을 가래떡 뽑아내듯이 하는 모습에 감동받아 나도 글을 열심히 써보겠다는 다짐을 했었다. 그 인연이 지금까지 이어지고 있는데 어느 날 전화를 하셨다.

"정 선생, 이제 수필집 냅시다."

참 부끄러움도 없이 '네' 대답하고는 혼자서 얼굴을 붉혔다. 대답에 대한 책임을 지기 위해 또 다시 시간과 싸움을 하였다. 뒤돌아보니 정말 열심히 잘 살아왔다.

나를 사랑해 준 분들에게 좋은 글로 보답해드려야 하는데 자꾸만 마음이 무거워진다.

모두 애정으로 봐 주시리라 믿으며 교수님께 진심어린 마음 담아 감사 인사를 드린다.

오늘이 있기까지 나에게 힘을 준 가족들에게도 사랑을 전한다. 그리고 좋은 책을 만들어 주신 소소리에 감사드린다.

2018년 새봄에

정향 정인자

격려사

그의 수필집을 축하드리면서

이재인
(문학평론가 · 전 경기대 국어국문학과 교수)

정인자 수필가는 내가 작가수업을 시킬 때 40여 명의 지망생 가운데에서 그 타고난 재질과 인성이 훌륭했다. 그래도 좀 오래오래 수련을 시켰다. 이제 내버려 두어도 저절로 재능 있는 작가가 될 것으로 확신했다.

아니나 다를까? 내가 기대했던 대로 그는 스스로 작가가 되어 내 앞에 나타났다. 나로서는 보람 있는 일이었고, 또한 자랑스럽다. 그는 작가 이전에 한 가정의 아내요, 어머니였고 그리고 축산영농인이다. 1인 4역이라도 지나친 말이 아니다. 그런 가운데 그가 60회갑이 가까이 다가오자 필자가 재촉하여 첫 수필집을 상재하게 되었다. 축하해 마지않는다.

정인자 작가는 천성이 근면하고 효심도 강하다. 이에 그에게 무엇을 말하리오. 봉사와 헌신, 가정과 이웃을 돌보는 오지랖이 넓은 분이다. 그러니 수필 모두가 새로운 시각과 주제와 인물들이 신선하다. 그리고 그의 필치 또한 우리나라 어느 수필가 못지않게 훌륭하다.

이제 그의 수필이 인생을 달관할 나이가 되어 더욱 중후하고 더욱 아름다워질 것으로 믿는 바이다. 그리하여 한국수필 문인들 가운데 찬란한 별로 떠오를 것을 기대한다.

삼가 그의 첫수필집 발간을 겸하여 갑년을 축하한다.

2018년 새해를 맞으며
초롱산 기슭에서

▷ 차 례

▷ 책을 내면서
▷ 격려사 —·이재인

1. 꽃밭에서

그리움 —·15
까마귀 —·20
꽃밭에서 —·23
가을 전어 —·29
친구가 되어준 스승 —·33
마음의 고향집 —·36
수 박 —·41
61년의 세월 —·45
사랑하는 사람들 —·48
청설모 —·53
가슴 속 응어리 —·57
나의 두 번째 남자 —·62

2. 감사함을 느끼며

외할머니 —·69
마음속에 비가 내릴 때 —·75
보리밥 —·81
감사함을 느끼며 —·85
내 작은 행동이 —·90
독쟁이 동가 —·94
마지막 도리·1 —·99
마지막 도리·2 —·106
마지막 도리·3 —·112
보따리 —·116
불가항력 —·121
사위가 대접받던 시절 —·127

3. 아름다운 동행

서생원의 사랑놀이 ― · 133
수 탉 ― · 137
고 향 ― · 141
순수한 문학은 우리의 자산 ― · 146
아들의 일기 ― · 148
아름다운 동행 ― · 154
아빠는 엄마가 책임을 ― · 158
약손가락 ― · 163
어머니 나의 어머니 ― · 166
우 정 ― · 172
엄마, 도와주세요 ― · 176
여자가 여자를 사랑할 때 ― · 183

4. 무표정 시대

여 행 —· 191
복덩이 —· 196
울밑에 선 봉선화 —· 203
혈 육 —· 209
이웃사촌 —· 213
무표정 시대 —· 219
정월대보름 유년의 단상 —· 223
조용히 기다리세요 —· 227
초원 위에 그림 같은 화성 —· 230
여성 산악회 —· 234
해 후 —· 237
기분 좋게 살 수 있다면 —· 241

1.
꽃밭에서

그리움

 삶이 안개 속처럼 희미해진다. 어려움이 닥치면 마음은 산수의 정이 그리워 넘실넘실 날아다니는 것만 같다. 고향 생각이 더욱 난다.
 뒤뜰에서 부는 대나무 숲의 바람소리도 그리워진다. 봄이면 앞산 뒷산에서 청승스럽게 울어대던 새들이 있다. 뻐꾸기와 산비둘기들이다. 산비둘기는 쉽게 눈에 띄지만 뻐꾸기는 소리만 들렸다. 어느 날 엄마를 따라 밭에 갔었다. 구슬피 우는 새들 소리에 호기심이 생겨 엄마에게 물어보았다. '저 새들은 왜 저리 구슬프게 우느냐'고. 엄마는 이렇게 말하였다. "저 비둘기는 엄마가 도망을 가서 울고, 저 뻐꾸기는 자식이 도망을 가서 운단다."라고 하였다. 그 말을 듣고 곰곰이 생각하였던 적이 있다. 엄마는 삶이 고달픈 날이면 도망을 가고 싶다는 말을 자주

하였다.

 엄마의 삶을 그려보면 너무나 바쁘게 사셨다. 새벽부터 밭에 나가셨다. 때론 장날이 되면 이십 리나 되는 길을 걸어서 생선 장사도 나갔다. 겨울에는 삼베모시 길쌈도 했다. 베틀에 앉아 베를 짜는 솜씨는 동네에서 가히 으뜸이었다. 곱게 짜내려가는 솜씨는 황홀하다 못해 예술의 경지였다. 시장에 나가서 비싼 값을 받아왔다며 좋아하였다. 그것도 모자라 방바닥에 돈을 쏟아 붓고 보란 듯이 자랑도 하였다.

 또 양지바른 곳이나 청널 밑에 닭장을 만들어 닭도 많이 길렀다. 수탉 한 마리에 암탉 여러 마리를 거느리게 하였다. 아침만 되면 수탉 홰치는 소리는 밉지 않았다. 생기발랄해서 너무 좋았다. 지금 생각하면 부업으로 닭을 기르고 있었던 것이다. 계란은 함부로 먹을 수 없었다. 박 바가지에 계란 몇 개 꺼내놓고 나가시면 오목한 그릇에 깨뜨려 물과 간장을 넣고 가마솥에서 찜을 만들어 먹었다. 보물단지처럼 계란을 관리하여 5일마다 돌아오는 장날에 내다 팔았던 것이다. 계란은 때론 푼돈이 되어 우리 손에 쥐어 줬다. 공책이랑 연필을 살 때도 계란만 들고 가면 해결이 되었다.

 오후 두세 시만 되면 닭을 밖으로 내보냈다. 마당 가운데 곡식을 흩어주면 화려한 수탉은 먹이를 먹지 않고 날개깃을 쭈뼛 세워 꼬꼬거리면서 암탉 주위를 맴돌곤 했다. 암탉이 먹이 쪼아 먹기에 열을 올리고 있을 때 수탉은 등 위에 올라타는 사랑 놀음에만 열중했던 것이다. 어린 마음에 왜 그러는지 엄마에게 질문을 하였다. '수탉은 모이는 안 먹고 암탉 등에만 올라타는 것입니까?'라고 하자 어머니는 근엄한 목소리로 "응, 암탉한테 방귀 까먹이는 거다."라고 하셨다. 그게 무슨 말인지 몰랐지만 먼 훗날에서야 수정하는 과정이라는 걸 알았다. 엄마의 기가 막힌 대답은 가끔 나를 웃게 하고 있다.

해가 질 무렵에는 닭장 문을 활짝 열어 놓고 스스로 들어가기를 유인하였다. 초년생, 중년생, 씨암탉으로 층이 있었다. 그런데 초년생과 수탉은 얼른 들어가지 않고 허기를 채우려는 듯 마당을 배회하곤 했었다. 그럴 때마다 손바닥을 탁탁 치면서 들어가라는 신호를 보냈다. 수탉만은 말을 듣지 않았다. 나는 마음먹고 긴 장대를 들고 탁탁 치며 들어가라고 했다. 그러면 뒤란으로 도망을 쳤다가는 집 주위를 몇 바퀴 돌다가 들어가곤 했다. 내게 혼난 수탉 놈은 내가 학교 갔다 오면 나에게 덤벼들기도 하였다.

귀한 손님이 오시면 계란 두 개 젓가락 하나가 놓여졌다. 저걸 어떻게 잡수시나 눈여겨보면 양쪽을 톡톡 두들기다가 입에 대고 쪽 소리를 내면 어느새 빈 껍질이 되었다. 제삿날이 되면 계란을 많이 삶았다. 목기그릇에 모양을 내어 자르고 난 종이처럼 얇은 계란조각에 눈독을 들이기도 했다.

하루는 집을 보고 있는데 찐빵 장사 아줌마가 우리 집에 오셨다. "찐빵 사이소! 찐빵" 하며 소리를 쳤다. 갑자기 먹고 싶었다. 닭장안의 둥지를 들여다보니 계란 몇 개가 있었다. 광안에 있는 것에는 감히 손을 댈 수가 없었다. 오늘 낳은 계란은 설마하고 꺼냈다. 따끈따끈 하였다. 금방 낳았구나 생각하고 바꿔 먹었다. 그런데 설마가 사람 잡는다고, 일터에서 돌아온 어머니는 닭장으로 곧장 갔다. 계란을 꺼내면서 뭐라 뭐라 하는 것 같았다. 계란 낳은 통계를 훤히 알고 계셨다.

가슴이 콩닥콩닥 했지만 모르는 척했던 기억이 남아 있다. 만약에 아시는 날이면 어머니의 불호령은 대단하였다. 가슴이 사뭇 쿵쿵거렸지만 사실대로 말을 하지 못했다. 그 후로는 손을 대지 않았다. 놀란 가슴이 허락하지 않았다.

씨암탉이 골골 소리를 내면 크고 좋은 계란만 골라 둥우리 넣어 주었다. 스무하루 동안 꼼짝 않고 계란을 품고나면 노란 솜털 속에 까만 눈동자를 갖고 병아리가 태어났다. 어미와 함께 어리집으로 이사를 해서 어미 보살핌을 받고 자라는 병아리 모습들은 귀여웠다. 그 병아리가 자라서 알을 낳고 또 병아리가 탄생하고 자연의 법칙을 잘 이용하는 어머니였다.

어느새 어머니의 부드럽고 고운 살결도, 때론 약손으로 여장부로 사시던 모습은 찾을 수 없이 늙어가고 있다. 흰 서리를 이고 손녀 손자를 안고 볼에 비비시며 사랑을 표현하는 모습이 애잔하기만 하다. 오늘도 이제나 저제나 전화벨 소리에 귀 기울이고 계실 주름진 그 모습이 불현듯 그립다. 딸 열 번 전화하는 것보다 사위 한 번 전화가 더욱 반갑다고 하시는 어머니가 되었다.

눈물이 고이고 있다.

나는 감수성이 예민하여 잘 울기도 했다. '엄마 찾아 삼만리' 영화를 보고 얼마나 울었는지 모른다. 그 후 절대적인 존재는 엄마였다. 이제는 내 삶의 주인이 되어 살아간다. 메마른 영혼에 추억과 그리움이 되어 가슴을 시원하게 적셔주고 있다.

(1995)

*어리: 병아리를 가두어 기르는 기구

까마귀

논바닥이 온통 새까맣다.

오랜만에 남양호수에 산책을 나갔더니 논바닥이 까마귀 천지다. 올해는 까마귀까지 이곳을 찾았다는 것에 새삼 놀랐다. 매년 기러기와 오리들이 찾아와 남양벌판에 앉아 벼이삭을 주워 먹는 진풍경을 구경하곤 했다. 철새들은 영리하기도 하다. 차를 몰고 가면 날아가지 않는다. 그러나 차를 멈추면 약속이나 한 것처럼 일제히 하늘로 날아오른다. '얘들아, 괜찮아. 구경하러왔어~'라고 소리 질러도 듣는 둥 마는 둥이다. 사람을 믿지 못하겠다는 것이다. '하기야 사람도 사람을 믿을 수 없는데'라고 내 심경만 토로하고 말았다.

올해는 뜻밖에 까마귀무리들이 들판에 앉아 있어 실컷 구경을 하게 되었다. 까마귀에 대한 편견 때문에 등골이 오싹하면서도 오히려 신기한 모습으로 관찰하며 천천히 차를 움직였다. 까마귀는 독특한 울음소리와 온통 검은색으로 덮인 외모 때문에 좋은 인상을 갖고 있는 새는 아니다.

예전부터 전설과 속설을 만드는 화제의 새로 불리며 우리 주변에서 살아왔다. 유년 시절에는 까마귀 무리가 하늘에서 '까아악, 까~아악' 울면 재수 없다고 침을 퉤~퉤 내뱉기도 했다. 그것은 이승과 저승을 오가는 사자새라고 믿었고, 동네를 뱅글뱅글 돌며 '까~아악, 까르르' 울면 그 동네에 초상이 난다고 믿었다. 밤중에 울면 반란이 일어나며, 떼 지어 울면 싸움이 일어난다는 이야기를 어른들에게 듣기도 하였다. 또 부모님께서 심부름시킨 것을 놀다가 깜박 잃어버리면 "까마귀 고기를 삶아 먹었나?"라고 야단을 맞기도 하였다. 건망증이 심한 사람에게 이 말을 많이 했으니, 까마귀는 사람들이 입에서 좋지 않은 이야기를 많이 들어왔다 해도 과언이 아니다.

그러나 그 속설이 근거 없을 뿐 아니라 말도 안 된다는 이야기가 나왔다. 캐나다 과학자들이 연구한 결과 까마귀는 먹이를 먹기 위해 나무 막대기나 고리 같은 도구를 이용하고 심지어 필요한 도구를 제작하기도 하는 등 지능지수가 가장 높은 것으로 밝혀졌다. 동물생태학의 권위자인 오스트리아의 로렌츠 박사는 '까마귀는 리더가 없어도 나름의 질서와 법칙을 가진 사회적 동물'이라고까지 말했다.

특히 늙어서 먹이사냥이 어려운 어미 새에게 지극정성으로 먹이 봉양을 한다고 한다. 알고 보면 감동까지 주는 까마귀를 옛날에는 왜 그렇게 불렀을까? 색깔이 머리부터 발끝까지 온통 검은색으로 뒤덮인 외모 때문일까? 아니면 '까~아악, 까르르' 우는 독특하면서 기분 나쁘게 들리는 울음소리 때문에 전설과 속설을 만들게 하였던 것인가.

아무튼 조류 중에서 가장 지능지수가 높다고 하여 그동안 갖고 있던 편견을 버리자, 까마귀가 예사로이 보이지 않아 한참을 바라보며 다녔다. 여기까지 날아와서 집단으로 휴식을 취하는 것은 아마도 갈 곳이 사라졌다는 증거일까. 우리나라 땅에 쉴 만한 곳이 마땅치 않아 이곳까지 날아온 것인지. 논바닥에 앉아 저네들끼리 무슨 이야기를 하는지 진지하다. 까마귀는 대나무 밭을 좋아한다고 한다. 그곳을 겨울밤의 삭풍을 막아주는 천혜의 안식처로 삼고 즐겨 찾는다고 하였다. 대나무 밭이 아닌 논바닥에 앉아 삭풍을 고스란히 맞고 있는 까마귀가 처량하게 보인다. 이제 까마귀도 갈만한 곳이 없어 아무 곳에나 앉아 있는 것을 보니 마음이 짠하다. 벼 이삭이 많은 황금벌판을 발견했으니 아마도 내년에 다시 올 것이라는 예감이 든다.

(2005)

꽃밭에서

　가뭄 속에서도 꽃은 참 예쁘게도 핀다.
　그러나 텔레비전만 켜면 왜 이렇게 시끄러운지 모르겠다. 무슨 난리가 날 것처럼 하나같이 가십적인 말로 떠들어댄다. 옛 선인들의 글귀가 가슴에 와 닿는다.
　"모기는 피맛을 즐기고 파리는 단맛을 찾아 날아들고 사람은 권력의 앞에 정신을 못 차린다."
　모기가 피를 빨 듯, 파리가 단 것에 꼬이듯 달려드는 세상 같다. 요 몇 년 동안 시끄러워도 너무 시끄럽다. 올해는 더더욱 귀가 더러워지는 소리만 들린다.
　텔레비전보다 더 좋은 꽃밭을 조성해 놓고 사는 것이 얼마나 다행인가 싶다. 하늘에는 비조차 내려주지 않고 있다. 땅 바닥까지 갈라지고 있다. 땅은 먼지만 폴폴 날리고 있는 현실이다.

그 와중에서도 꽃들은 피고 진다.

외래종인 무스카리가 보라색으로 피고 지더니 철쭉꽃이 붉게 피었다. 목단은 탐스럽게 피었다가 지고나면, 그 옆에 있던 작약도 풍만한 젖가슴처럼 핀다. 가뭄 때문에 제일 고생하는 꽃이 수국인 것 같다. 애기 주먹만 하게 주렁주렁 달아 놓고 활짝 피지 못해 안간힘을 쓰는 것 같다. 한낮에는 꽃 몽우리를 맥도 없이 푹 떨어뜨렸다가 아침에는 간신히 고개를 든다.

보기가 너무 애처롭게 느껴져 물을 줘 보지만 활기를 찾지 못하고 있다.

최신 신품종으로 오텀파이어가 앞마당 둘레에 가득 피어있다. 오텀파이어는 군락을 이루면 더욱 예쁘다. 특히 종족번식이 얼마나 강한지 모른다. 색상도 눈에 확 들어오게 진한 분홍색으로 군락을 이루어 오래오래 피어 있는 것이 장점이다. 수분이 아예 없는 곳에서는 실낱같이 자라서 핀다. 가련하기조차 하다.

인간 세상은 인정머리 없고 삭막하고 정신을 너무 혼란스럽게 한다.

말 한마디로 사람을 죽이는 세상 같다. 불교 천수경의 첫마디가 '정구업진언 수리수리 마하수리'로 시작된다. 구업은 입으로 지은 업이라는 뜻이다. 거짓말, 아첨하는 말, 이간하는 말, 악담하는 업을 중생들은 많이 지어왔다. 그래서 구업을 깨끗이

하라는 것이다. 진언은 진리의 말과 생각이나 감정을 여읜 본 마음자리와 교섭하는 뜻이다. 살아가면서 제일 쉬울 것 같으면서도 무시하고 지키지 못하고 사는 어리석음을 어찌해야 할까.

입을 깨끗이 하라. 중얼거리다 꽃밭에 나가 서서 꽃을 바라본다. 복잡한 생각이 모두 달아나 버린다. 꽃들은 힘들다고 하지 않고 비가 왜 이리 안 오느냐고 하지 않고 묵묵히 인내하고 있다. 자기가 태어난 자리에서 아름답게 피었다가 지는 꽃들을 관찰하다보면 인생무상을 절감하게 한다.

열 서너 가지가 넘는 품종을 확보해 놓고 함께 살아가고 있다. 다양한 색상으로 피어나는 꽃들은 내가 사랑하는 삶 중에 일부가 되었다. 꽃들은 각각 책임과 의무를 다하고 있는 것 같다.

봄이 오는 기별을 전해주는 꽃, 여름을 전해준 꽃, 가뭄에 피는 꽃, 장마가 오면 피는 꽃, 가을에 피는 꽃으로 순서 있게 피고 지는 꽃들을 보면 작은 행복감에 젖어든다.

개나리, 진달래, 벚꽃을 시작으로 철쭉꽃까지 지고나면 외래종 꽃들이 피기 시작한다. 세계화 시대에 걸맞게 꽃나무들도 세계에서 제일 살기 좋은 대한민국 땅에서 사이좋게 순서 있게 피고 진다. 지금은 달맞이꽃이 짤막하게 자라 피어있다. 노란 색상이 너무너무 곱기도 하다. 어찌 저렇게 고운 색상을 연출할까 싶다.

그리고 어김없이 봄이 되면 꽃모종들은 새끼들을 데리고 나타나 군락을 이룬다. 살다 보면 가족에게 얽매여 하지 못하는 일이 어디 한두 가지랴. 어디론가 불쑥 떠나고 싶어도 마음대로 할 수 없다. 정말 혼자였으면 좋겠다 싶을 때, 꽃밭에 나서면 더 무어라 할 말이 없게 만든다.

나이가 들수록 꽃나무 하나하나가 소중하고 예뻐 보인다. 아무리 세상을 바꾼다 해도 자연의 질서나 이치를 따라 쫓아가는 게 우리네 인생인 것이다. 아름다운 꽃들에게 감사함을 전한다.

삭막한 겨울을 견디고 나면 남쪽에서부터 꽃소식이 들려온다. 참고 기다리면 중부지방까지 슬그머니 올라온다. 그러면 겨우내 닫혔던 마음이 서서히 풀린다. 봄이 없다면 살기가 힘들겠다는 생각이 든다. 자식들 키워서 모두 보내놓고 나면 삶 자체가 무인도처럼 느껴진다.

이런저런 일로 맺혀있는 일들이 이끼처럼 가슴속에서 자라면 마음이 축축해진다. 맺힌 삶을 푸는 지혜를 발휘하지만 그것도 잠깐이다. 눈에 보이지 않는 자식들 걱정이 마음속에서 솟구치면 마음 둘 곳이 없다. 그 마음을 달랠 수 있는 곳이 꽃밭이 다.

화장품 사는 것보다 꽃모종을 사는 것에 집중하는 이유는 내 마음을 달래기 위함인지도 모르겠다. 또 꽃을 유난히 좋아하는 것도 사실이다. 특히 꽃을 좋아하고 그리워하는 것은 자식을 생각하는 의미도 있다. 꽃이 피고 지는 것처럼 자식들 소식을 기다리며, 예쁘게 피는 것을 보면서 손녀딸 모습도 떠올려본다.

인생의 마지막 종착역에서 꽃을 심고 가꾸면서 사는 재미에 근심도 잊어버리고 산다. 꽃밭에 서면 기도하는 마음이 생긴다. 자식들의 앞날 무사하기를 빈다. 그리고 또 건강하게, 행복하게 잘 살기를 바라는 마음도 간절하다.

시대가 아무리 바뀌어도 삶이란 존재는 고통이 따르기 마련이다. 부모 그늘에서 자랄 때는 모르지만 사회에 나가면 아군도 있고 적군도 있게 마련이다. 아군은 꽃과 같지만 적군은 지혜를 발휘해야 하는 전략이 필요하다. 그 모든 것을 승화시키며 사회를 위해 희생도 하면서 내 삶의 행복을 위해 잘 살아주기를 간절히 바라는 마음이다.

내가 어렸을 때는 산에서 나무를 해다가 아궁이에 불을 지피고 밥을 지어서 먹고 살았다. 연탄이 나오고 석유곤로에서 음식을 할 때는 시간이 단축되었다. 전기가 보급되면서 밥솥이 세 끼니를 해결해 주어 얼마나 좋아했는지 모른다. 어렵사리 살면서도 서글프다 힘들다고 한탄한 적이 없다. 가난했지만 꿈을 키워냈고 열심히 살면 잘 살게 될 것이라는 희망을 잃지 않았다.

살아온 세월을 바둑판처럼 펼쳐 놓으면 참 충실하게 살았다. 자갈길이건 비탈길이건 낭떠러지에 떨어질 지경에도 파초처럼 살았다. 돈 한 푼 없는 가정살림도 인내로 이겨내었다. 암울한 겨울 같은 세월도 이겨냈다. 봄이 오면 꽃들이 만발하였다가

지고 다음해 또 태어나듯이 우리네 삶도 그랬다.

  구근류 수선화 튤립과 백합은 여섯 종류를 심어놓았다. 백가지 꽃이 핀다하여 백합이라고 한다. 꽃 중에서 백합과 목련을 제일 좋아한다. 백합이 지고나면 장마가 온다고 했다. 건 장마가 아니기를 빌어본다.

(2017)

가을 전어

 드디어 무더위가 떠나간다. 하늘빛이 파랗게 열리는 것을 보니 막혔던 가슴이 뻥 뚫린다. 가끔 하늘을 쳐다보면 신기한 구름의 모양을 볼 수 있다. 서늘한 바람이 부는 가을 하늘을 자주 쳐다본다. 오늘은 구름이 손에 잡힐 듯 낮게 떠서 바람이 부는 쪽으로 유유히 흘러가고 있다.
 몸에선 뭔가가 먹고 싶다는 신호가 몰려온다. 그것이 뭔가를 곰곰이 생각하니 반짝반짝 빛나는 은빛 전어였다. 옛말에 "가을 전어 굽는 냄새에 집나간 며느리도 돌아온다."라는 말이 있다. 어찌 며느리뿐이랴, 전어 맛을 아는 남녀노소 모두 먹고 싶어 하는 전어가 아닌가. 전어는 8월말부터 9월초에 최고의 맛과 영양이 풍부한 것 같다. 달이 차면 전어는 뼈가 억세어진다.
 가을 전어하면 다시 한 번 꼭 만나고 싶은 어머니의 손맛도 그리워지기도 한다. 어머니는 막걸리식초를 잘 만들었다. 큰 정종 병에 막걸리를 넣어 소나무 순을 꺾어다가 병 입구를 봉했다. 부뚜막에 모셔두고 가끔씩 병 전체를 찬물로 목욕을 시키기도 하고 흔들기도 하였다. 그렇게 숙성된 식초 맛은 이제 맛볼 수가 없게 되었다.

어머니는 전어로 두루치기를 잘하였다. 그리고는 남의 집 찬 보리밥도 동원시켰다. 이웃사람 불러 모아 함께 먹었던 아름다운 시절도 생각난다. 함지박에 두루치기하여 쓱쓱 비벼 숟가락을 담그곤 했다. 그것이 이웃 간의 최고로 즐거운 만남의 자리가 되었던 것이다. 그분들이 살다간 세월이 내가 사랑하는 삶의 일부가 될 줄이야.

60년대는 전어의 수확량이 철철 넘쳤다. 가을이면 집집마다 마음껏 맛보았던 계절식품으로 손꼽았다. 전어구이 또한 맛있었다. 콩대 불에 구워 먹으면 최고의 맛을 볼 수 있다. 콩 농사를 짓고 나면 콩깍지는 소여물 쑤는데 쓰고 콩대는 밥 지을 때 사용했다. 아궁이에 살아있는 콩대 불을 꺼내어 석쇠에 전어를 구웠다. 골목길을 누비며 냄새를 피운 전어를 머리부터 통째로 씹어서 먹으면 고소하였다. 다른 반찬이 필요 없었다.

첫아이를 갖고 입덧을 심하게 하였다. 그 무엇도 속에서 받아주지 않았다. 몸은 장작개비처럼 되어갔다. 그러던 어느 날이었다. 남편이 인천 소래포구에 가서 비료포대 한 가득 전어를 사가지고 왔었다. 서울하늘 아래서도 전어를 먹을 수 있다는 기쁨에 엄마가 해주던 방식으로 두루치기를 하였다. 식초를 넉넉하게 넣어 새콤달콤하게 만들었다.

밥은 먹지 않고 전어회를 허겁지겁 한 양푼이나 먹어 치웠다. 그렇게 먹고 나니 살 것 같았다. 입덧으로 고생하던 것도 싹 달아났다. 전어는 나의 기력을 찾게 해주고 입맛도 찾게 해주었다.

지방함량이 높아서 회를 먹거나 구워먹어도 손색이 없는 생선이다. 수확량이 줄어드는 것이 안타까울 뿐이다. 특히 피로회복에 효과도 있다. 전어는 100g당 약 200칼로리가 들어 있다고 한다. 단백질, 칼슘, 칼륨, 철분, 비타민A, 비타민B, 엽산, 인, 지질 등이 함유되어 있단다. 또 불포화지방산과 혈중 콜레스테롤 수치를 낮춰주기도 하고 성인병 예방에 효과가 있으며, 뇌 건강과 골다골증에 좋다고 하니 얼마나 알찬 생선인가 싶다.

오늘날까지 매년 가을만 되면 전어를 빠뜨리지 않고 챙겨먹고 산다. 전어하면 남해바다 전어가 제일 맛있다. 잔잔한 파도 속에서 얌전히 자란 전어가 최고로 맛있다. 지방함량이 많아 더욱 고소하기 때문이다. 택배문화가 발달하여 가을바다향기를 집에서도 맡는다. 무더위에 지친 몸을 추슬러 주는 전어가 무척이나 고맙다.

가을이 오면 우리 어머니는
전어를 듬성듬성 썰고
부뚜막에 모셔둔
막걸리 식초병 열어
함지박에 두루치기로 무치셨다
보리밥 넣어 쓱쓱 비벼
이웃사촌 불러 모아
찰랑 찰랑 넘치는 가을 바다에
숟가락을 담그곤 했었다
은빛 나뭇잎만한 전어는
가을만 되면 돌아오는데
맨드라미 입술처럼
빨갛게 수놓던 새콤달콤 사랑은
돌아오지 않는다

싱그런 하늘가에 뭉게구름 되어
아른거리는 그리운 어머니.

친구가 되어준 스승

고3, 빨리 지나갔으면 좋겠다. 너무 피곤하여 잠이라도 아무 생각 없이 푹 자고 싶다. 아이가 고3이 되니까 엄마들도 고3이 된다. 새벽에 일어나서 도시락 두 개를 싸놓고 또 잠이 부족한 아이들 깨워 학교 보내는 일이 너무 힘들다.

새롭게 실시된 대학수학능력시험에 가족 모두가 심혈을 기울이고 있다. 출제 과목수를 줄여 입시부담을 덜어주는데 역점을 두었다지만 과거와는 너무나 다르다.

밤이 아주 늦은 시간에 파김치가 되어 돌아오는 자식 얼굴 쳐다보면 애처롭기 그지없다. 오늘 저녁에는 웬일인지 창백했던 아이얼굴에 화색이 돈다. 웃음 띤 얼굴을 보자 피곤하고 답답했던 마음이 싹 날아간다. 아이에게 무슨 말을 해서 피로를 풀어주고 힘을 내게 할까 생각하면 목구멍이 바짝바짝 타들어

갔다. 그러나 오늘은 스스로 재잘재잘하는 모습에 기분이 너무 좋다. 웃음이 보약이라는 말이 실감난다.

엄마! 오늘 야간자율학습시간에 지구과학 선생님께서 "너희들 답답하지, 옥상에 올라가 별 관찰하는 것 가르쳐 줄까?" 하자 아이들이 너무너무 좋아했단다. 아이들은 천방지축 날뛰며 학교건물 옥상으로 올라갔단다. "옥상에서 뛰고 솟고 하며 막 돌아다녔는데 너무너무 기분이 좋았어요. 엄마, 더욱 재미있었던 것은 그 선생님 머리는 완전히 스님처럼 삭발 하신 분이에요." 하며 깔깔댄다.

도벽성이 있는 반 제자가 도둑질을 하다가 걸렸단다. 자신의 잘못이라고 머리를 삭발하자, 그 반 전체 남학생 모두가 덩달아 삭발하였단다. 별 관찰은 접어 두고 반질반질한 선생님 머리에 관심 많은 여학생들이 "선생님 머리 만져 봐도 돼요?" 하자 "만져도 된다." 하셔서 너나없이 만져 보고 도망을 가고 난리를 법석을 떨다가 망원경이 넘어질 뻔했단다.

아이의 이야기를 재미나게 듣다가 어안이 벙벙하였다. 아니 학생들이 감히 선생님의 머리를 만져? 나의 세대는 꿈도 못 꾸는 생각이다. 보통 선생님이 아님을 짐작하게 한다.

그뿐만 아니었다. 졸업한 언니들이 지난 스승의 날에 돈을 모아, 걸어 다니는 선생님께 자전거를 사서 풍선까지 달아 가지고 선물했단다. 선생님은 풍선 달린 자전거를 타고 출퇴근을 하고 있단다. 참으로 멋진 스승이고 멋진 제자들이다. 내가 들어도 그냥 넘어가기 쉽지 않는 이야기였다. 딸애도 마찬가지였나 보다. 그 이야기보따리를 집에까지 담아가지고 와서 풀어놓는 걸 보면.

아이들 스트레스 풀어준다고, **빡빡**머리까지 만지라고 내놓았다는 사실은 두고두고 생각하게 한다. 예전 같았으면 그 자리에서 선생님께 버릇없이 군다고 야단을 쳤겠지만 아이에게 찬물을 끼얹는 것 같아 참지 않았을까. 그 선생님이 참 고맙다. 진실한 마음의 문을 열고 내 자식들처럼 아니 친구같이 함께 떠들고 웃었다는 것에 감사하였다. 순간, 우리나라 교육현장에 지구과학 선생님 같은 분들이 많았으면 좋겠다는 생각이 든다.

딱딱한 의자에서 16시간씩 앉아 공부해야만 하는 아이들에게 밤하늘의 별빛을 보여준 것은 큰 의미가 담겨 있으리라. 대학이라는 관문을 통과해야 하는 아이들에게 희망과 용기를 불어넣어준 선생님이 참 존경스럽다. 이 아름다운 추억은 아이들 가슴에 오래도록 별이 되어 남아 있을 것이다.

(1999)

마음의 고향집

 바쁜 일상 속에서 여유를 가져본다. 뒤돌아보니 잊지 못할 몇몇 사람들이 울타리처럼 서 있다. 그중에 제일 가까운 거리에 등대처럼 우뚝 선 집을 발견하게 된다. 거리낌 없이 마음 편히 드나드는 마음의 고향집이 있다. 내 친정집을 가는 것처럼 마음 가벼이 팔랑팔랑 거리며 달려가는 곳이다.
 수십 년을 한결같이 따뜻한 마음도 주고 물질도 주는 곳이다. 웃으며 반겨주는 아름다운 얼굴들이라 더욱 좋다. 항상 만나면 뭐든지 챙겨주려는 정감 가는 말과 행동이 내 마음을 풀어놓고 놀게 한다. 농장 현대화사업을 할 때 돈이 많이 들어갔다. 예상치 못한 금액이 회전되지 않아 꽉 막힐 때가 있었다. 내 남동생과 마음의 고향집과 가까이 지내는 동숙부녀회장님이 선뜻 내주어 어려운 고비를 무사히 넘긴 적도 있다.

학교 새마을 어머니회장과 관내 어린이 육영회 회장을 맡을 때나 장안면 여성단체회장을 맡을 때 그랬다. 민요합창단을 창단하여 맡아 봉사하러 다닐 때도 든든한 후원자 뿐 아니라 내 편이 되어 주었다.

항상 긍정적이었다. 무엇이든지 사회를 위해 봉사할 기회가 생기면 물질적으로 아낌없이 후원해 주셨다. 면 행사에 쌀 한 가마니로 막걸리를 담가 내놓기도 하였다.

언제나 변함없이 내 가족처럼 아껴주고 내가 없는 곳에서도 늘 똑똑하다며 자랑도 하였다고 한다. 그래서 밖에 나가면 뭇 사람들에게 인정을 받게 해주고 나의 방패막이 될 뿐 아니라, 나의 기를 살려주신 분들이다. 동생처럼 내세우며 자랑을 하였다고 할 때는 알 수 없는 힘이 생겨났다. 나 또한 그분들에게 누가 되지 않기 위해 애향심을 가지고 열심히 책임과 임무를 다했다고 자부한다.

타향에서 살다보면 마음이 갈대처럼 나부낄 때가 있다. 어디 마음 놓고 갈 곳이 없다. 그러면 차를 끌고 남양호수를 한 바퀴 돌아서 마음의 고향집으로 향하게 된다. 마음이 편안한 집이 분명하다. 많은 사람들과 정을 나누고 살지만 마음의 고향집을 두고 살기는 어렵다.

어제 연락이 왔다. 무청김치 담가 놓았으니 갖다 먹으란다. 김치만은 아무거나 잘 먹지 않는 남편도 은경엄마 김치라면 맛있게 먹는다. 나 역시 감칠맛 나게 담근 그집 김치를 좋아한다. 나도 김치만은 자신 있게 담그는데 은경엄마 솜씨에는 못 쫓아간다. 모든 음식에 달인이다. 뭐든지 척척 해낸다. 가까운 사찰에서 진행되는 모든 행사에는 빠짐없이 지극정성으로 봉사한다. 김치부터 전, 나물까지 척척 장만하여 갖다 올린다. 대중들이 맛있게 공양할 수 있게 만들어 낸다. 모두들 맛있다고 칭찬이 자자하다. 도량이 넓은 큰 여장부이다.

내가 이사와 살 때 아무것도 몰랐다. 김칫거리부터 모든 것은 마트에서 사서 먹고 살았다. 어느 날 김칫거리는 심어서 먹느냐고 물어왔다. 모두 사 먹는다고 했더니 마구 야단을 쳤다. 시골에 살면서 사 먹느냐며.

전화하면 집으로 오라고 했다. 그 후부터 김칫거리는 사 먹지 않고 있다. 무청김치부터 무, 총각무, 배추를 얼마나 풍족하게 얻어먹고 살았는지 모른다.

그분으로부터 많은 것을 배웠다. 묵히고 있던 땅을 개간하여 여러 가지 채소도 심었다. 텃밭이란 참으로 묘미가 있고 재미 또한 쏠쏠 하였다. 농사짓는 법도 배우며 씨앗을 얻어다가 심기도 한다. 적절한 시기에 씨앗을 심으면 꼭 그 결과물이 마음을 부자로 만든다.

옥수수 농사는 자신 있게 되었다. 아무것도 모르고 많이 심어 수확이 한꺼번에 쏟아져 전국에 아는 지인께 보내느라 땀을 쏙 빼기도 했다. 마음의 고향집에도 빠뜨리지 않고 갖다 주면 제일 맛있는 옥수수라고 한다. 이제는 반 농사꾼이 된 것도 그 분의 힘이 크다.

바깥양반은 같은 종씨이다. 그분은 동네 이장뿐 아니라 지역 사회에 역군이 되어 많은 봉사를 하고 있다. 논농사를 기업처럼 지을 뿐 아니라 밭농사도 함께하며 근면, 성실하고 착하게 사신다. 또한 남에게 베푸는 것도 스스럼없이 하며 지혜 있게 사는 양반이다. 꼭 우리 친정 부모님과 닮은 점이 많아 더욱 정감이 간다. 성격뿐 아니라 행동까지 비슷하여 속으로 웃음 지을 때도 있다.

그분은 약주를 너무 좋아해서 탈이다. 적당하게 드시면 좋을 텐데 그렇지 못한 것이 오직 단점이다. 약주 한 잔 들어가면 같은 종씨라고 반갑게 맞아준다. 그렇지 않을 때는 눈으로만 인사를 한다. 그것은 우리 친정아버지와 똑같다. 아버지도 그랬다. 약주가 거나하게 오르면 이야기보따리를 푸셨다.

마음의 고향집 덕으로 외롭지 않고 향수와 정을 느끼며 살 수 있어 좋다. 추석이 다가온다. 두 종씨 집안뿐만 아니라 여러 곳에서 변함없이 햅쌀을 찧어 갖고 온다. 그것을 또 나는 나누어 먹으며 살고 있다.

모판 만들기부터 모내기와 탈곡하기까지 모두가 육체적으로 이루어진다. 너무너무 힘든 것이 농사라는 알게 되었다. 영농이 기계화 되었다고 하지만 농사는 여전히 힘든 것이다.

  오랜만에 찾아뵙게 되었다. 인물도 훤하고 단단하던 육체가 세월을 비껴 나가지 못하는 것을 보았다. 이제는 내 몸도 사랑하며 살았으면 하는 생각이 들었다. 농어민 대상을 받았을 뿐 아니라 여러 가지 사회 일도 겸해서 돕고 계신다. 너무나 바쁘게 열심히 살고 있다. 흙을 너무 사랑하는 양반이다. 흙과 영원한 동반자 끈을 놓지 않고 살려면 첫째는 건강이다. 건강이 안 좋아지고 있다는 소식도 듣게 되었다. 두 분이 오래도록 건강하고 행복하게 살아가기를 말없이 기원해 본다.

  밤하늘의 별빛처럼 나와의 인연도 반짝이고 있다. 30년 동안 변함없이 정을 나누며 산다는 것은 인생 최고의 멋이라고 표현하고 싶다. 각박한 세상을 이렇게 살아간다는 것은 참 드물다. 이렇게 인생을 풍요롭게 사는 것은 영원한 축복이리라.

수 박

 수박 한 덩어리가 이렇게 버겁게 느끼게 될 줄이야. 자식들과 함께 살 때는 항상 제일 큰 것을 골라 사와도 부족하기만 하던 수박이었다. 수박 한 덩어리 쪼개 놓으면 다른 것 필요 없이 배부르게 먹었다. 이제는 달콤한 수박 못지않게 사랑 나누며 살았던 시절은 파란 무늬처럼 가슴에 남게 되었다. 수박을 보니 그 시절이 아쉬워지고 자식들이 보고파진다.
 화창하고 따스하던 일들이 모두가 그립다. 자식들은 내 운명의 주인이 되어 즐겁게 해주었고 행복도 만들어 주었다. 자식들로 인해 용기도 생기고 겁내지 않고 적극적으로 능동적으로 살았던 것 같다. 다시는 돌아올 수 없는 세월이다. 물고기가 살지 않는 호수처럼 내 가슴은 쓸쓸하게 느껴진다.
 큰 수박덩어리를 선물로 받고 어떻게 먹을까를 고민을 하게 된다. 한참을 들여다 보다 이웃사촌 언니네로 전화를 했다. 반을 쪼개어 갈라 먹기로 하였다. 살아가는 방법이 생기고 이웃과 사랑의 나눔으로 마무리가 되었다.

　수박하면 큰딸애가 생각난다. 예닐곱 살 때 혼자 살그머니 수박 밭에 올라가 수박을 진찰하였다. 수박이 익었는지 탐색하기 위해 내가 알아보지 못할 정도로 정교하게 삼각형으로 잘라서 확인해 보았던 것이다. 난 그것도 모르고 그 수박을 눈독을 들여 관찰하다가 때가 되어 수박을 따오게 되었다. 안고 와서 자르는 순간 웽 이게 뭐야? 하고 깜짝 놀랐다. 겉은 분명히 익었는데 하고 관찰하니, 아주 쪼끄마한 삼각형이 눈에 들어왔다.

　딸애는 4살 때 텔레비전을 보고 한글을 깨우쳐 깜짝 놀라게 하기도 하였다. 초등학교 들어가자 모든 과목은 100점을 맞아 왔다. 우리 집안에 온통 첫 기쁨의 꽃을 피워 주던 딸애였다. 삶은 고달프고 힘들었지만 자식들은 내 가슴을 별처럼 반짝반짝 빛나게 해 주었다. 자식들의 앞날을 위해 선장이 되어 항해도 하였다. 겁도 없고 두려움도 없이 잘될 것이라는 희망만 생각했었다. 도시로 내보내 공부시킨 세월이 15년이나 걸렸다.

　기대가 크면 실망도 크다고 했던가? 한양대 교육대학원 석사 졸업하여 박사까지 기대하였다. 그러나 큰딸은 캐나다에 살고 있는 짝을 만나 떠나고 말았다. 딸이 떠나고 난 빈 장롱을 쳐다볼 때 가슴이 철렁하며 피가 멈추는 느낌이 들었다. 눈에서 눈물이 한없이 흘러 내렸다.

　나는 자식들이 보다 나은 삶을 추구하며 살기를 바라면서 희생과 헌신으로 최선을 다했다. 자식에게 대하는 남편의 언어에 신경을 곤두서게 되었다. 혹시 그 언어에 상처 받을까봐 가슴이 조마조마 했었다. 아무리 힘이 들어도 밝은 얼굴로 대하며 포근하게 감싸주고 부드럽게 말하려고 많은 노력도 했었다.

　남편의 언어를 번역하여 진실된 마음을 전하는 앵무새가 되기도 했다. 올바른 방향키를 잡기 위해 공부도 함께하며 열심히 살았다. 거센 파도처럼 다가오는 삶을 부서지지 않게 하기 위해 안간힘도 썼다. 미래를 알 수 없는 목적지까지 도달시키기 위해, 행복을 만들기 위해 편안한 잠도 자지 못했다. 그러다보면 몸과 마음이 지치고 신경이 예민해져 정신 혼란이 올 때도 있었다. 그것을 눈치 채고 '엄마 힘들지' 하며 마사지를 자주 해주었던 큰딸이었다. 손맛이 보통 손맛이 아니었다.

　또 셋째를 출산하였을 때 시어머니께서 오셨다. 말이 엄청 많으신 분이다. 동네 이야기부터 가족 이야기까지 이해할 수 없는 수다를 늘어놓는 어른이다. 내 머리맡에서 온갖 수다를 늘어놓자 다섯 살 큰딸애가 할머니를 불러냈다. "할머니! 엄마가 애기 낳고 피곤한데 할머니가 말을 많이 하면 엄마가 잠을 잘 수 없어요."라고 했단다. 그러자 시어머니께서 "너 엄마가 시켰지?" 하자 "아니에요. 제 생각이에요." 했단다. 자식 그 누구도 시어머니께 바른 소리를 하지 못했는데 다섯 살 손녀딸이 말을 했던 것이다.

올해도 변함없이 수박을 심었다. 너무 가물어서 제대로 자라지 못했다. 모종 값도 못 건지나 했는데 작지만 여러 덩어리가 달려 있다. 농장 일 도와주는 분들과 먹기 위해 따가지고 왔다. 작지만 무거웠다. 음식은 여럿이 먹어야 제 맛을 느낀다.

상큼한 향기가 넘친다. 수분이 철철 넘치고 단맛도 강하다. 이 맛을 느끼며 즐기기 위해 밭에다가 꼭 심는다. 농장 작업반 간식 제공에도 안성맞춤이다. 어찌되었건 여름에는 꼭 필요한 과일이다.

큰 수박만큼 자식들도 성장하여 모두 떠났다. '자식의 운명은 언제나 그 어머니가 만든다.'고 나폴레옹은 말했다. 어머니는 되기 쉬워도 어머니 구실을 잘하기 어렵다고 한다. 나 역시 수박처럼 철철 넘치는 사랑을 흠뻑 주지 못한 아쉬움이 크다.

이제 마음 비우는 연습을 하고 있다. 다행히도 자식들은 제 인생길을 잘 걸어가고 있다. 인생관과 가치관을 갖고 살아가는 것이 보인다. 내가 할 일은 우리 가정에 훈훈한 바람이 불게 하는 것이다. 다시 만날 날을 기다리며 식탁에 둘러 앉아 큰 수박을 쪼개어 사랑도 넘치고 활력도 생기고 삶의 용기를 얻는 그런 날을 기다려 본다.

61년의 세월

평소 잘 알고 지내는 언니의 환갑행사에 초청을 받았다. 만나자마자 익살스럽게 농담부터 던진다. 함께 간 동생의 이름을 부른다.

"수진아? 어디 좋은 남자 있나 찾아봐 주라. 내 영감은 통 말을 듣지 않는다."

그 말을 들은 동생이 더 익살스럽다.

"언니! 좋은 남자는 내가 더 급해."

"아니다. 이 언니는 오래전 족보를 세탁해 놓아서 내가 먼저다."

만나면서부터 농담을 주고받으며 한바탕 웃었다.

화장도 곱게 하고 속눈썹까지 붙이고 한복을 곱게 차려입고 있으니까 딴 사람 같다. 너무 고와서 환갑을 맞은 사람 같지 않다. 뜰 안에 곱게 핀 달리아 꽃처럼 우아하였다.

가족끼리 환갑기념사진 찍으려고 하는데 남편이 나타나지 않아 속상해 하고 있던 중에 우리 일행이 나타나자 넋두리를 한 것이었다. 처음부터 남편은 환갑행사를 반대하였단다.
"남에게 피해 주는 것 아니냐? 무슨 환갑잔치냐."
의견일치가 안 되었단다.
우리가 몇 시간 먼저 간 덕분에 속상한 마음을 털어놓았다. 다만 가까운 친척, 친구와 꼭 초대하고 싶은 사람만 초청했단다. 우리 일행은 사회활동으로 만나서 변함없이 지내고 싶어 특별히 초대했다는 것을 강조하였다.
환갑이 되면 마음이 출렁거리나 보다. 사람에 따라서 꼭 하고 싶은 사람도 있을 것이고, 조용히 보내고 싶은 사람도 있을 것이다. 아내가 꼭 의미 있게 하고 싶다면 그동안 함께 살아온 세월을 생각해서라도 못 이기는 척 하고 들어주었다면 즐거운 날이 되지 않았을까싶다.
사실 언니도 행사장에는 환갑이라는 현수막 대신 '아무개 생신 모임'이라는 글을 걸어놓고 있었다. 조촐한 점심 식사를 하면서 노래도 없이 쿵~짝 거리는 국악도 없이 내 시낭송 하나로 행사를 치르겠다는 것이다. 나는 시낭송 전문가는 아니다. 사람들은 글을 쓴다고 하면 무조건 시낭송은 잘할 것이라고 믿고 있다. 낭송을 하지 못하겠다고 할 수 없었다. 철썩 같이 믿고 있기 때문이다.

언니는 참석한 일가친척과 친구들 앞에서 인사말을 아주 멋지게 하였다. 얼굴은 50대인데 어느새 61년의 세월을 살았단다. 70까지 살지 어쩔지 몰라 가까운 친척들과 친구들만 초청하여 평생 잊지 못할 날을 만들고 싶었단다. 그동안 살아오면서 베풀어준 은혜를 맛있는 음식으로 보답하고 싶단다.

  언니의 이런 아름다운 마음씨와 따뜻한 음성을 듣고 보니 100세까지는 무난할 것 같았다. 즐거워하며 여기저기 인사하러 다니기 바쁘다. 우리를 만나서 즐겁다고 거듭 인사를 하고 총총 걷는 언니 뒷모습이 아름답다. 마치 물속에 가라앉지 않는 청둥오리 같았다.

  61년의 세월을 살아온 것처럼 앞으로도 더더욱 건강한 모습으로 행복하게 살아가길 빌어본다. 화기애애하고 따뜻한 말들이 내 마음속을 가득 채운다.

(2008)

사랑하는 사람들

　새벽 3시, 몸에 뭔가 이상이 있음을 느끼며 잠을 깼다. 화장실을 다녀오면 나아지겠지 하고 다녀왔다. 그래도 가라앉지 않았다. 점점 가슴을 조이면서 터질 것 같은 가슴 통증이 밀려오면서 왼쪽 배와 허리에까지 휘어 감았다. 1시간 넘게 혼자서 싸우며 가벼운 운동과 단전호흡으로 통증을 이겨 보려 했지만 역부족이었다.
　시간이 갈수록 통증이 심해지면서 목이 타 들어가는 느낌을 받아 물을 먹었지만 소용없고 물까지 몸이 거부했다. 몸이 차가워지며 식은땀이 온몸을 덮기 시작하였다. 도저히 참을 수 없어 곤히 잠에 떨어져 있는 큰딸을 깨웠다.
　대학입시를 앞두고 있는 아이라 웬만하면 깨우지 않으려고 했는데 참을 수가 없었다. 딸애는 위급한 사항이라는 것을 판단하고 119구급차를 불렀다.

　강한 정신력으로 살아 보려고 발버둥 치며 살았다. 하면 된다는 정신으로 가정과 사회를 위해 열심히 뛰었다. 그런데 나를 무너뜨리는 것이 있다는 것을 체험하게 되었다. 혀가 굳어지고 목이 타는 것을 느끼면서 죽음이라는 것을 실감하게 되었다. 비 오듯 내리는 식은땀을 두 손으로 어루만지는 딸의 손이 얼굴에 닿자 나는 정신을 번쩍 차리게 되었다. 근심어린 얼굴이 내 가슴을 파고들었다.

　얼마나 걱정이 되었는지 가까이 사는 외삼촌에게 연락을 했던 것이다. 아이들 교육을 위한 것이라면 그 어떠한 고통도 견디리라 생각하고 살아왔다. 근데 왜 내 몸에 알 수 없는 증상이 나타나는지 모르겠다.

　남편과 교육 때문에 자주 싸운다. 꼭 유명한 대학에 보내는 것이 목적이 아니다. 툭 하면 남편은 아이들을 시골로 데려 오라고 훈계를 한다. 나는 중도에 포기 하고 싶지 않아 끝까지 버티는 작전을 하자니 내 마음은 엄청 고생을 하고 있다.

　이 모든 것은 건강하기 때문에 가능했다. 죽음까지 몰고 갈 정도의 통증에 많은 것을 생각하게 한다. 요즈음 내 몸을 아끼지 않고 마구 부려 먹었다는 것이 떠올랐다.

　『넝쿨문학』 문집발간 원고로 밤을 새우고 만 것이다. 9월 초까지 마감한다는 소리에 부담을 가진 것이다. 잘 쓰지도 못하면서 왜? 문학을 좋아하는가를 생각도 하게 된다. 글을 쓰면서 내면의 세계를 들여다보면 글을 쓰면서 스트레스를 풀었던 것이다. 좋은 글이 아니더라도 내 답답한 마음을 치유하면서 살았는데 아프면 안되지 않는가. 내년쯤 문집 발간을 해도 괜찮은데 나의 욕심이었다.

  취미로 글을 쓰며 도반들과 정을 나누며 살겠다는 것이 의무감으로 나를 압박했던 것 같다. 또 관내 문화학교 개강으로 인해 수강하는 인원이 줄어들까봐 노심초사 하였다. 그러던 중 딸아이의 대입수능도 코앞에 있다. 얼굴이 반쪽이 되어 있는 자식 얼굴을 보니 마음 또한 아프다. 영양가 있는 것을 만들어서 해 먹여야 하고 마음도 편안하게 해주어야 한다는 모성이 발동한 것도 사실이다.

  구급차 안에서 이런 저런 생각을 하게 되었다. 가까운 종합병원에 도착했다. 의약분업으로 환자가 도착하여도 무관심이었다. 119구급 간호사가 "환자 모시고 왔어요." 말을 해도 대답이 없다. 고통스러워하는 나를 쳐다보며 "환자 모시고 왔는데 대답도 없네." 하면서 다시 큰소리로 "환자 어디로 모실까요?" 하자 그때서야 "여기로 모시라."는 대답을 듣게 되었다.

  고통스러운 가운데 신체적인 검사 몇 가지를 받았다. 결과는 장과 방광에 이상이 있는 것 같으니 약을 먹으면 괜찮을 것이라고 하였다. 링거주사를 맞자 고통이 사라져 갔다. 고통이 사라지니까 살 것 같았다. 링거를 다 맞는 동시에 서둘러 집으로 왔다.

몸이 아프면 가깝게 지내는 사람으로부터 위로를 많이 받는다는 것을 알게 되었다. 작은딸애가 엄마가 아프다는 소식을 교장선생님께 이야기 한 모양이다. 뜻밖에 교장선생님이 전화를 걸어왔다. "아니 우리 시인님께서 아프시다고? 몸 조리 잘 해. 애들 아빠는 어디 있어?" 하며 염려를 해준다. 교장선생님은 화성교육청 학무국장님으로 계실 때 인연을 맺게 되었다. 작은딸의 고등학교 교장선생님으로 부임하게 되어 참, 특별한 인연을 만나게 되었다.

작은딸이 새벽에 엄마가 고통스러워하며 구급차를 타고 가는 것을 보고 많이 놀랐던 모양이다. 반 친구들에게도 이야기를 했던 것이다. 반 친구들이 "엄마 아프지 마세요." 하는 등 야단이다. 딸애는 외출증까지 발급 받아 가지고 와서 먹을 것을 챙기느라 부산하다. 고등학교 졸업하기 전까지는 핸드폰을 사주지 않을 것이라고 했다. 그런데 본인의 사랑을 적극적으로 표현하고 싶었던 것이다. 친구 핸드폰까지 빌려 문자 메시지까지 보내온다. "엄마! 나 혜연이 앞으로 절대 아프지 마. 사랑해." 라며 하루 종일 공부도 안하고 관심을 쏟고 있다.

딸애는 그것도 부족하여 새벽에 시골 농장에 있는 제 아빠에게 전화를 건 모양이다.

"아빠 지금 뭐 하세요?"
"뭐 하긴 잠자는 거지."
자고 있던 남편이 딸에게 호되게 당한 모양이다.
아빠는 지금 잠이 와. 엄마가 많이 아파 구급차에 실려 갔는데…. 자식이 열이면 뭐 해, 남편이 있어야 한다는 등 소란을 피웠던 모양이다.
자식 이기는 장사 없다더니 올곧은 성격을 가지고 아내에게 따뜻한 표현을 하지 않는 양반한테서 전화가 걸려왔다. 학교에서 돌아온 딸애는 아빠한테서 전화가 왔느냐고 확인까지 한다. 자식이 여럿이면 이 자식도 있고 저 자식도 있어 재미가 있다. 내가 못하는 말을 서슴없이 내뱉는 아이다. 학교생활도 적극적이다. 애국조회 때는 전교학생 앞에서 지휘를 맡아서 한다는 소리를 교감선생님으로부터 들었다.
고통을 빠르게 치유할 수 있게 해주신 119의 친절한 간호사와 누나의 고통을 애절하게 바라보던 동생, 사랑하는 자식들 소식을 듣고 전화를 해주신 분, 모든 분들이 너무너무 감사하다. 오늘 잠깐 스쳐간 악몽이 나를 행복하게 해주고 떠나갔다. 모든 일에 최선을 다해 그리고 열심히 살고 싶다.

(2000. 9)

청설모

 나무를 좋아한다. 그러다 보니 꽃나무도 심고 유실수도 심는다. 농장 구석구석에 심어놓고 수확할 때는 맛있는 즐거움에 빠지곤 한다. 나무들도 각각 이름 갖고 달리는 열매를 보면 참 신기하다. 가을이 되면 자급자족할 수 있다는 생각에 기분이 들떠 있다. 살구나무부터 감나무, 대추나무, 밤나무, 은행나무, 호두나무, 산수유 등이 있다.
 꽃이 피고 나면 매달리는 열매를 유심히 자주 관찰 하게 된다. 그러던 어느 날, 청설모 한 마리를 발견하게 되었다. 입을 보니 호두나무 가지를 꺾어 두 개를 물고 가는 것이 포착되었다. 호두나무는 15년이 되자 주렁주렁 아주 많이 달리기 시작하였다. 수확의 기쁨에 젖어 있는데 느닷없이 나타난 청설모가 눈에 거슬린다.

아직 영글지 않았다. 한창 자라고 있는데 따 가고 있다. 그러다 보니 호두나무 지키기 쟁탈전이 벌어졌다. 매일 아침 가보게 된다. 그러면 매일 마주치게 된다. 한두 마리가 아니었다. 아직 푸른 열매를 따서 까먹은 흔적들이 여기 저기 수두룩하다.

날이 갈수록 많이 달려 있던 호두열매가 없어지기 시작하였다. 심은 자가 맛도 보기 전에 아니 익기도 전에 모두 싹쓸이 할 것 같다. 푸른 호두는 따 봐야 보관할 수 없다. 그런데 따 가지고 간다. 지나친 욕심을 내며 따 간다. 얄밉기 그지없다. 약이 바짝바짝 오른다. 돌멩이를 들고 팔매질을 해도 쫓아낼 재간이 없다. 열 그루나 되는 호두나무는 청설모로 인해 실력을 발휘하지 못하고 올해는 그렇게 막을 내리고 말았다. 어쩌면 하나도 남김없이 따 가버리는지 모르겠다.

사람들이 그런다. 청설모가 호두 맛을 보게 되었다면 다음해부터는 더더욱 남아있지 않을 것이라고 했다. 정말 다음해도~ 다음해도~ 호두 맛을 볼 수 없었다. 100% 청설모의 식량이 되고 말았다.

정월 대보름에 호두기름을 짜서 먹겠다는 꿈도 물거품이 되고 말았다. 얄미워서 눈에 띄기만 하면 쫓아버린다. 그러면 빨리 도망가는 것이 아니라 이 나무에서 저 나무로 휙휙 날아간다. 부스스하고 특이한 꼬리를 펴다 오그리면서 중심을 잡고 날아간다. 대관절 어디서 온 놈인가? 저 녀석은 나무에서만 산다고 한다. 땅속에서 사는 우리나라 다람쥐하고 반대다. 우리나라 다람쥐는 땅속에다 먹이를 숨기다 보니까 땅속에서 열매들이 발아되어 나무가 많이 자라게 된다. 진실은 알 수 없지만 청설모가 우리나라 다람쥐를 잡아먹어 멸종 위기에 다다른다고 한다. 덩치와 앞가슴에 하얗게 난 털을 보면 사나워 보인다. 앙증스럽고 귀여운 우리나라 다람쥐를 괴롭힌다고 하니 더더욱 얄밉다. 유실수가 많은 우리 농장은 청설모의 천국이 되어 버렸다. 다른 과일은 집착이 약한데 유독 호두열매에게 강한 집착을 갖고 덤벼든다. 하나도 남김없이 싹쓸이 한다는 것에 괘씸한 생각이 자꾸만 든다.

그러던 어느 날 외출했다가 집으로 돌아오는데 대문 앞 도로에 교통사고를 당해 죽어 있는 것을 발견하게 되었다. 금방 사고를 당한 것 같다. 에끼~ 고소하다야~ 그렇게 욕심을 내며 살더니 결국 당했구나. 그렇다고 남의 것을 싹쓸이가 뭐냐? 익지도 않는 것을. 그렇게 비난을 막 퍼부었다. 치우지 않고 지켜보았다. 항상 두 마리가 기본으로 다녔다. 그리고 가족인지 친척인지 모르지만 여러 마리가 다니는 것을 보았다. 죽음 앞에 나타나나 보았는데 오지를 않는다.

현관문을 열고 나가는데 집 앞 은행나무에 두 마리 청설모가 또 눈에 띈다. 노랗게 익은 열매를 탐색하고 다니는 것 같다. 은행열매도 먹는 것인가? 냄새가 고약하게 나는데 말이다. 참

말로 얄미운 동물이다. 은행열매는 마음대로 가져가도 괜찮다. 그런데 호두열매만은 같이 나누어 먹으며 살자고 외치지만 아랑곳없다. 결국 아쉽지만, 호두나무는 관찰대상에서 빼버리고 나무를 쳐다보지 않기로 했다.

(2001)

가슴 속 응어리

 너무나 무섭고 잔인한 밤이었다.
 오늘처럼 발목이 시큰거리며 걷기가 불편할 때면 꼭 그날이 생각난다. 아무리 과거에 집착하지 않고 밝은 마음으로 살려 해도 서운한 마음이 자꾸 든다. 여자 혼자서 한밤중에 공동묘지 앞을 정신없이 뛰었던 생각을 하면 가슴에서 뜨거운 김이 올라온다.
 1983년 12월 31일 늦은 오후였다. 남편이 운전하는 오토바이를 타고 수원 남문시장에 구두 찾으러 가게 되었다. 마침 군대에서 휴가를 받아 놀러온 작은동생에게 세 살배기와 다섯 달 된 아기를 잠깐 봐 달라하고 집을 나섰다.
 그날따라 가게는 일찍 문을 닫았다. 곧바로 집으로 돌아올 수 있었다. 그런데 남편이 평소 자주 놀러가던 곳에 잠깐 들렀다 가자고 했다. 옛 수원 버스터미널 뒤편에 있는 K축산 사무실이었다.

이미 몇몇 남자들이 모여 고스톱 놀이를 하고 있었다. 남편은 딱, 세 판만 치고 갈 테니 기다리라고 했다. 초조와 불안감 속에 세 판을 기다리는 동안 내 가슴은 뜨겁게 달아오르기 시작하였다. 내기이다 보니 돈을 잃자, 세 판이 아니라 연속적으로 계속하는 것이었다.

남자들만 모여 있는 사무실에 썰렁하게 앉아 있자니 초조함이 몰려왔다. 그는 기다리는 아내는 안중에도 없는 표정이었다. 그냥 두고 가면 안될 것 같아 어떻게 해서라도 같이 돌아갈 마음으로 기다렸다. 자정이 가까워오자 집에 젖먹이 아이와 애타게 기다릴 동생 때문에 도저히 참을 수 없었다. 목구멍이 바짝바짝 타고 가슴은 뜨겁게 달구어질 대로 달구어졌다.

아이 젖먹일 시간이 한참 지났다며 다급하게 재촉을 했다. 그러자 남편은 달랑 택시비를 주며 혼자 집으로 가라고 했다. 몸속에서 더운 김이 쫙 빠지듯 맥이 풀렸다. 눈물이 왈칵 쏟아졌다. 부모님이 원망스러웠다. 세상에 어찌 이런 남자하고 한 세월을 살라고 인연을 맺어 주었단 말인가. 내 머릿속에서는 당장 결별을 하고 집으로 내려가자는 속울음이 허공을 향해 외쳐댔다.

터미널 앞에서 택시를 탔다. 울고 있는 내 모습을 힐끔 쳐다보던 택시기사가 행선지를 물었다. 구운동 일월저수지 앞 농장이라고 말했다. 그곳에는 밤이 늦으면 무서워서 못 들어간다고 하면서 기사는 구운동 웃거리에 나를 내려놓고 휑하니 가버렸다. 개미 한 마리 얼씬하지 않는 음침한 도로에서 정신을 놓고 한참을 우두커니 서 있었다. 멀리서 노랫소리가 들려왔다. 곳곳에선 망년회 모임으로 즐겁게 노는 것 같았다. 나도 한때는 직장 동료, 친구들과 재미있게 놀았지 하는 생각이 들었다.

또 한 해를 보내는 마지막 날이라고 휴가를 나온 동생에게 이런 모습을 보이다니, 속상하고 미안했다. 집으로 빨리 가야 하건만 너무 무서웠다. 웃거리에서 자동차 학원과 공동묘지 앞을 지나 캄캄한 소나무 숲길을 지나야만 집으로 갈 수 있다. 한 발짝 가다가 두 발짝 물러서고 두 발짝 가다가 세 발짝 물러섰다. 심장이 오그라들고 발목에는 납덩이가 달린 듯하였다.

다시 남편이 있는 곳으로 가야만 될 것 같았다. 신작로를 마구 뛰기 시작하였다. 농촌진흥청 앞을 지날 즈음 오토바이 한 대가 부르릉 소리를 내며 쌩 하고 지나갔다. 혹시 남편이 아닐까라는 생각이 들었다.

'그럼 그렇지, 여자 혼자 가라 해 놓고 나니 걱정이 되어 뒤쫓아 오는 거지. 차갑고 인정머리 없는 남자는 아니구나.'라는 생각에 이르자 다시 집 방향으로 마구 뛰기 시작하였다.

신작로를 벗어나자 울퉁불퉁 길에 무슨 돌들이 그렇게 많은

지 달리는 속도가 나지 않았다. 무작정 뛸 수밖에 없었다. 자정이 넘은 시간에 난생처음 공동묘지 앞을 지날 때는 혼비백산이 되었다.
"이 세상을 살아가자면 정신을 차려야 산다. 호랑이에게 물려가도 정신만 차리면 살 수 있다."
누누이 당부하시던 어머니 말씀이 실감났다.
소나무 숲은 밤에는 더욱 시커멓게 보였다. 무사히 고개를 넘어서자 불빛이 뽀얗게 비치는 집이 보였다. 반가운 마음과 안도감이 몰려오자 긴장이 확 풀려버렸다. 마음 놓고 걸어가는데 큰 돌부리에 걸려 그만 땅바닥에 나뒹굴었다. 너무 아프고 서러워 눈물이 절로 났다.
집에 당도하니 동생은 우는 아이를 몇 시간 째 달래고 있었다. 아이는 얼마나 울었는지 축 늘어지듯 지쳐 있었다. 한밤중에 무거운 공기를 안고 뛰어왔지만 젖은 퉁퉁 불어 있었다. 아기를 달래고 젖을 먹이고 나니, 내 가슴속에는 큰 분화구가 생기고 말았다.
하룻밤 내내 오장육부를 요동치게 했건만, 남편은 다음날 해가 중천에 있을 때야 돌아왔다. 나의 왼쪽 발목은 시퍼렇게 멍이 들어 있었다. 걸음을 마음대로 걸을 수 없을 정도로 통증이 밀려왔다. 바보같이 병원에 갈 생각도 못하고 밀가루에 치자를 넣어 반죽하여 발목에 붙이고 다녔다. 급기야 걸을 수 없을 정도로 아파서 이웃에 사는 할머니에게 침을 수없이 맞았다. 그날 이후 내 발목은 수시로 애를 먹인다.
  33년의 세월이 지났지만 어제 일처럼 떠오른다. 꽃 같은 나이, 꽃 같은 청춘을 아기자기한 사랑을 나누며 살아보지 못하고 여기까지 온 것 같다.
  여자로 태어나 아내가 되고 엄마가 되어 수행자처럼 살아야 했다. 사업을 하면서 가슴조이며 때론 나의 존재를 잊어버리고 꿋꿋한 미루나무 같은 삶을 살았다.
  꿈만 같은 세월이 낙조 같기만 하다. 서산에 붉게 물든 노을은 내 영혼까지 붉게 물들이고 있다. 내 격한 감정을 양팔 벌려 안아주는 것 같다. 내 긴 창자 속에 남아 있는 묵은 응어리를 오늘에야 비로소 소화시킨다. (2013)

나의 두 번째 남자

 2006년 4월 17일 아들녀석이 군대를 다녀오겠다며 큰절을 한다. 세상을 살다가 이렇게 마음을 식초 물에 담가 보기는 처음이다. 대한민국 머슴애들은 국방의 의무가 당연한 일인데, 이 어미의 눈에는 이유도 안 되는 눈물이 소낙비 내리듯 한다. 눈물을 보이지 않으려고 주방으로 냅다 갔지만 가슴이 녹아내리며 걷잡을 수 없는 눈물이 펑펑 쏟아졌다.
 '아들 군대 보내놓고 살이 많이 빠졌다'기에 지나가는 말로 '아들이 군대 간 것인데 뭘 그런 일로 살까지 빠지냐고' 했더니 "그럼 너도 아들 군대 보내 봐라. 그때는 내 마음을 알 것이다."라며 톡 쏘아붙이던 친구가 내 눈물을 엿보고 있는 것 같다.
 농장 일 때문에 훈련소까지 따라가지 못하게 되었다. 아들은 이 엄마의 마음을 훤히 알고 대문까지 못나오게 하였다. 현관에서 배웅하라고까지 하며 '건강하게 잘 마치고 돌아올 테니 염려하지 말고 잘 계시라'며 신신당부까지 하고 간다. 그날 밤부터 나는 아들에 대한 삼매경에 빠져버리고 말았다.

무아경 속에 아들, 아들… 이름을 부르며 혼자 중얼거릴 때, 남편은 자꾸만 장난을 걸어오며 이제는 듣기도 싫은 군대 이야기를 또 한다. "최전방에서 3년 동안이나 군대생활을 했다. 엄동설한에 팬티 바람으로 기압을 받았다."라는 이야기를 늘어놓는다.

27년 동안 남편 입에서 하나도 틀리지 않는 똑같은 이야기가 실타래처럼 술술 흘러나온다. 그 군대 이야기는 이제 싱거워져 맛이 없다. 오직 내 마음은 아들이 훈련소에서 감기는 걸리지 않는지. 수컷들만 모인 세상에서 잘 적응하고 있는지. 끊임없는 생각이 온통 나를 감싸고 있는데 또 옛날이야기를 하다.

유년 시절에는 친정아버지로부터 6·25전쟁 실화를 많이 듣고 자랐다. 마치 내가 6·25전쟁을 겪은 것만 같았다. 특히 귀신을 잡는다는 해병대에서 중공군의 인해전술 무용담은 지금도 내 귀에 쟁쟁하게 남아있다. 아버지께서 쏟아지는 총알 밭에서 무사히 살아서 돌아온 것은 저승에 계신 할머니께서 보살펴 주신 덕분이라고 강조하셨다.

아버지께서 해병중사로 8년 동안 군복무한 것 때문에 해병이라는 것에 깊은 애정을 갖게 되었다. 전쟁 중에 받은 상처로

가는귀가 먹어 작은 소리를 잘 듣지 못하였다. 그 고통을 전우만이 아는지 가끔 찾아오는 전우를 너무너무 반갑게 맞이하는 아버지 모습을 보고 감명도 받았다. 그렇지만 내 아들만은 평범하게 군대를 마치기를 바랐다. 그런 아들이 외할아버지 뒤를 이어 해병대를 지원하여 포항 훈련소로 떠났다.

아들은 떠나기 전 말했다.

"엄마 요즈음 해병대 지원하기 무척 힘들어요. 경쟁률이 얼마나 센지 떨어지는 애들이 많아요!"

"엄마의 아들은 3:1이라는 경쟁률에 당당하게 합격했어요! 마음 놓지 마세요. 훈련소에서도 떨어지는 애들이 많아요."

지금까지 성장하면서 마음을 든든하게 해 준 녀석이다. 예닐곱 살 때였다. 한여름날 고추밭에서 밭고랑을 매고 있는데, 엄마가 더워서 목마를 것이라고 주전자에 얼음물을 만들어 가지고 왔었다. 얼음을 어떻게 꺼내 가지고 왔느냐고 물었더니 "의자를 갖다 놓고 밟고 올라서서 꺼내 가지고 왔다."고 했다.

중학교 때 결손가정 짝꿍에게 도시락도 아낌없이 주고, 굶고 와서는 내일부터 밥을 많이 싸 달라고 하였다. 수학여행 갈 때는 그 친구들과 함께 갈 수 있게 엄마가 나서서 도와 달라고까지 하여 나를 놀라게 했었다.

오늘은 나의 두 번째 남자에게 농담을 담아 편지를 쓴다.

'아들의 소중한 고추를 만들기 위해 이 엄마의 골수가 희생

되었으니 건강하게 군복무 잘 하기를 바란다는….'

  세상이 점점 빠른 속도로 변하고 있다. 그 속에서 살아남기 위해서는 무엇보다 자기 자신이 흔들리지 않는 믿음과 사랑이 필요하다. 그것을 충분히 베푸는 나의 두 번째 남자, 태어나서 난생처음 겪는 새로운 인생의 의미를 크게 깨닫고 돌아올 사나이 얼굴을 떠올려 본다.

(2007. 5)

2.
감사함을 느끼며

외할머니

 나는 외할머니만 생각하면 언제나 어린아이가 된다. 그분은 궁궐의 중전마마 못지않은 미모와 훤칠한 키, 고운 피부에 박꽃 같은 옷을 입고 사셨다. 그런 외할머니의 따뜻한 사랑을 생각하면 주름진 내 마음이 쫙 펴지며 그리움이 가슴속에서 출렁거린다.
 유년 시절, 외할머니 품에서 마음 놓고 지낼 때 일이다. 아마도 내가 예닐곱 살쯤 된 것 같다. 할머니가 바다로 미역, 톳, 전복, 고둥을 잡으러 나갈 때 따라갔었다. 바다는 무섭게 하얀 이를 드러내고 철썩철썩 파도를 치고 있었다. 나는 동산 모래밭에서 조개껍질 주워 모아 노느라 정신이 없었다. 한참 재미있게 놀다가 외할머니를 찾았다. 그런데 외할머니가 보이지 않았다. 여기저기를 찾아다니면서 불렀다. 아무리 불러도 외할머니는 보이지 않고 대답도 없었다. 바다를 내려다보니 미끄러운 바위뿐이었다. 살금살금 다가가 바위를 만져보자 매우 미끄러웠다. 난 그때 문득 외할머니가 이 바위에 미끄러져 바다에 빠졌다는 생각이 들었다. 나는 울기 시작하였다. 얼마나 자지러지게 울었는지 함께 간 할머니들이 나에게 다가왔다. 내 생각을 자초지종 설명하면서 울자 그 할머니들도 멍하니 듣고 있었다. 그때 저 건너 바위 위에서 "아가야, 왜 우느냐?" 하며 외할머니가 나타나셨다. 바위틈에 숨어 있는 갑오징어 한 마리를 잡기 위해 시간이 많이 걸렸다고 하였다.

　나의 이야기가 온 동네 소문이 났고, 그 일로 부끄러워 한동안 밖에 나가지 못했다. 그때의 생각이 지금도 머릿속에서 지워지지 않고 찰랑거린다. 멀쩡한 사람을 바다에 빠져 죽었다고 했으니, 그 때문에 외할머니는 99세까지 사셨는지 모른다.

　외할머니가 얼마나 좋던지 초등학교에 입학한 후 나는 방학만 되면 내 집 가듯이 쪼르르 달려가곤 했었다. 가끔 엄마가 데리러 오면 가지 않겠다며 외할머니 치마폭 속으로 숨었다고 한다. 엄마가 포기하고 돌아가면 외할머니 치맛자락을 잡고 덩실덩실 춤을 추며 좋아하더란다.

　외할머니는 꼭 내 손에 꼬깃꼬깃 접어서 용돈을 주셨다. 받지 않겠다고 하면 입을 꼭 다물고 눈을 깜박거리며 빨리 받으라는 제스처가 특이하였다. 이로 인하여 후에 나 또한 아이들에게 용돈을 주는 버릇이 생겼다. 그것은 순전히 외할머니에게 배운 것이리라. 그런 외할머니는 어머니가 고생하고 사는 것이 마음이 아팠는지 우리 집에 자주 오셔서 집안일을 많이 도와주셨다. 방과 후, 외할머니가 집에 와 계시면 그렇게 기분 좋을 수가 없었다. 오실 때는 빈손으로 오시지 않았다. 잔 새우를 잔뜩 넣은 부침개와 산나물로 만든 떡과 땔감까지 이고 오셨다. 그렇게 외할머니는 40리나 되는 신작로를 걸어서 딸에게 행복을 전해주는 전령사 노릇을 하셨다.

우리 집에 계시는 동안 집안 분위기가 달라졌다. 집안 구석구석은 깨끗해지고 반찬도 달라졌다. 부엌은 항상 깨끗해야 한다 하시며, 가마솥은 직접 반질반질하게 닦으셨다. 밥상 차리는 법도 가르쳐 주셨다. 숟가락, 젓가락은 가지런히 소리 나지 않게 놓아야 한다고 하셨다. 그렇게 받은 교육 때문인지 숟가락과 젓가락 놓을 때는 신중해진다.

어머니의 엄격한 가정교육은 무서웠다. 내가 최고의 위안을 받고 구김살 없이 자랄 수 있었던 것은 외할머니의 사랑 덕인 것이리라.

2011년 음력 10월 15일. 나에게 어머니 같은 외할머니께서 허망하게 이 세상을 하직하고 말았다. 병원에 입원해 있던 외삼촌이 하루 전에 운명했다는 소식을 아무도 전해준 사람이 없건만 외할머니는 어떻게 감지하셨는지 아들 따라 눈을 감은 것이다. 외할머니가 가지고 있던 금전을 모두 모아 냉동실에 넣어 두고 갈 수 있었다는 맑은 정신은 참으로 불가사의하기만 했다.

　외삼촌께서 병원에 가시면서 마지막이 될 줄 알고 그랬을까? 귀가 어두워 듣지 못하는 외할머니 방문 앞에서 "아이고 어매야, 이 아들은 아파서 죽을 것만 같은데 어매가 더 오래 살아 어떻게 하오."라고 했다는 한탄을 들었을까? 외삼촌도 엄마생각에 마지막까지 눈을 감지 못하고 세상을 떠났다고 한다. 본인 손으로 어머니를 묻어드리고 떠나야 하는 자식의 도리를 다하지 못하여 안타까워했다고 한다.

　"나의 어머니를 어떻게 할꼬? 어머니, 어머니를…."했던 외삼촌의 마지막 절규를 들으셨을까.

　소설 같은 이야기가 내게 닥쳤다. 한 가정에 하루 차이로 두 사람이 세상을 떠난 것이다. 느닷없이 닥친 쌍 초상을 만난 가족들은 놀란 가슴을 억누르고 상을 치러야만했다. 외할머니 꽃상여를 따르는 사람은 나와 내 동생 둘뿐이었다. 엄마와 이모가 따라야 할 자리, 외삼촌이 서 계셔야 할 자리에 외손자와 외손녀라니, 너무나 기가 막혔다. 내 가슴은 뭉개질 듯 아파왔다. 한 번 왔다 가는 인생이 너무 허무하다는 생각이 들면서 주체할 수 없는 눈물이 흘러 내렸다.

　외할아버지는 젊은 나이에 일본에 자주 왕래 하시다가 그만

병을 얻어 자리에 눕게 되었다고 한다. 외할머니는 모든 재산을 다 팔아서 살려 보려 했으나 병은 점점 깊어만 갔다고 하였다. 마지막임을 감지한 외할아버지는 가족을 불러놓고 "울지 마라. 등잔불은 기름이 없으면 불이 꺼진다."라는 말을 남기고 세상을 떠나셨다고 하였다. 당시 어머니께서는 꽃신을 신고 살 정도였으니 가난한 살림은 아니었단다.

외할머니는 곱고 고운 젊은 시절에 그렇게 혼자되어 3남매를 잘 키워 출가시켰다. 가난해진 살림을 하면서도 누구를 원망하지 않으셨다. 말없이 홀로 억척스럽게 살아왔을 뿐이다. 한평생 살면서 병원신세는 한 번도 지지 않았다. 그리움도 외로움도 보고픔도 모두 끌어안고 소리 소문 없이 본인 스스로 수행자처럼 가셨다.

이제 와서 정신을 가다듬고 보니 후회스러움만 생긴다. 순리대로 외삼촌 먼저 보내드리고 외할머니도 삼일장으로 천천히 보내 드릴 것을 하는 생각이 든다. 어미를 먼저 안장한 다음에 아들을 안장해야 한다는 동네 어른들 얘기만 듣고 경황없이 서운한 초상을 치렀던 것이다.

생전에 외할머니는 며느리를 딸처럼 끔찍이 사랑하셨다. 심지어 건넌방에 잠자는 아들과 며느리의 잠자리가 불편할까봐 기침소리도 이불 속에서 내셨다. 그런데 살갑게 살아온 며느리와 애지중지 깊은 사랑으로 손수 키운 손자 손녀들의 배웅도 받지 않고 가셨다.

　나는 외할머니의 은공을 갚지 못했다. 몇 해 전 딱 한번 어버이날 좋아하시는 참외와 과자를 사서 택배로 보내드렸다. 우리 애들 공부시키며 살자면 힘들 텐데 다시는 못 보내게 하라며 외삼촌만 혼이 났다고 하였다.

　내 삶의 고통 속에 갇혀 몸부림 친 세월이 참으로 많았다. 정말 죽고 싶을 정도로 고통스럽고 막막할 때마다 외할머니 사랑이 생각났다. 그분이 살아온 삶에 비하면 나의 삶은 입가심에 불과하다는 걸 알게 되었다. 가끔 그분에게 받은 사랑 때문에 울다가 웃다가 살아간다고 해도 과언이 아니다.

　이제 나도 외할머니 소리를 들을 나이가 되었다. 그러나 나의 외할머니처럼 빨아먹어도 녹지 않는 사탕 같은 사랑을 뼛속 깊이 넣어줄 수 있을지. 오늘도 나의 외할머니는 유년 시절 고운 학처럼 날개를 펴고 저 멀리서 내 이름을 부르며 날아올 것만 같다. 외할머니의 사랑 씨앗을 받아들고 두 손 모아 합장하며 마지막 인사를 드린다. 저승에서 당신의 가족 모두 만나 편안함을 누리시기를.

(2011)

마음속에 비가 내릴 때

 내 마음이 물속에 비친 달 같다.
 부모님이 모두 돌아가시고 나자 기댈 언덕이 없다는 것에 어깨에 힘이 빠진다. 마음은 물속에 잠긴 달처럼 젖어있고, 젖은 마음은 마를 줄 모르고 자꾸만 그리워진다. 좀 더 잘 해드리지 못한 아쉬움이 봄날 새싹처럼 자꾸만 돋아난다. 부모님의 자리가 이렇게 클 줄 몰랐다.
 2008년 1월 3일 어머니께서 운명하시던 마지막 모습이 지워지지 않는다. 영원히 만날 수 없는 마지막 인사가 너무 허무하게 끝나고 말았다. 평소에 엄마가 무서웠던 나는 운명하는 그 순간까지 마음을 열지 못했다.
 산소호흡기가 그렇게 편안하였을까? 난생처음 편안한 모습을 보았다. 어머니는 말없이 서 있는 딸을 감지하였는지 눈을 뜨셨다. "엄마~~엄마~~" 딸의 목소리를 듣고는 이내 눈을 감으셨다. 인생의 허무한 마음이 와르르 무너져 내렸다. 그 모습이 영원히 떠난 마지막 모습이며, 다시는 만날 수 없는 이별이 될 줄 누가 알았겠는가. '진작 가셨을 텐데 지금까지 고생하고 계신다.'라는 주치의의 말씀이었다. 그렇다면 딸을 기다리고 있었다는 말이 아닌가.

　어머니는 아들이 셋이나 있는데 왜 마지막 순간까지 하나뿐인 딸을 기다렸는지 새삼스럽게 묻고 싶었다. 인간의 몸 받아 태어나 한 남자를 만나 자식을 낳고 그 자식들을 먹이고 입히며 살려고 발버둥친 세월들을 어느 누가 알리오.

　어머니께서 요양병원에 오래 계셨어도 형제간에 금전적인 문제로 큰 갈등을 겪지 않았다. 든든한 둘째 동생의 너그러운 이해와 항상 긍정적인 생각이 많은 도움이 되었다. 감사하게도 누나의 말 한마디도 거역하지 않았다. 세상에 이런 동생은 없다싶다. 막내는 마음은 있지만 형편상 도와주지 못해 안타까워했다. 남다른 형제 우애는 내 영혼이 메마르지 않게 항상 맑고 시원한 물줄기가 되어 주었다.

　어머니는 내가 일곱 살 되던 해부터 물동이를 이게 하고 밥 짓는 방법까지 가르쳐 주었다. 그때부터 살림살이를 하나씩 배우다가 거의 도맡아 하다시피 하였다. 풋 호박 하나를 가지고 세 가지 이상 반찬을 만들지 못하면 불호령이 떨어졌다. 또 철이 일찍 든 나는 남동생들까지 보살펴야 했다.
 참으로 배짱이 두둑하고 삶을 적극적으로 살기 위해 노력하셨다. 그러다가 병을 얻어 고생을 많이 하였다. 지혜가 뛰어나 본인 스스로 병마를 고쳐 보려고 노력을 많이 하였지만, 70이라는 아쉬운 나이에 저승으로 건너가고 말았다. 불편한 몸 때문에 자식들한테 짜증을 많이 내고 투정도 많이 부렸다. 특히 맏딸인 나는 스트레스 해소의 대상이 되었다.
 결혼하여서도 어머니의 발걸음은 맏딸인 내게로 향하였다. 사업하랴, 내 자식들 키우랴, 어머니 용돈과 고시촌에서 공부하고 있는 큰동생 뒷돈도 조금 챙겨 주랴, 여간 힘든 일이 아니었다. 요즈음 남녀평등이지만 내가 겪은 결혼생활은 그렇지 못했다. 동생들이 어리다보니, 어머니는 나를 향한 발걸음이 잦아졌다.
 그것을 아신 시댁식구 구설에 지긋지긋한 아픔을 겪어야만 했다. 내 편이 되어주지 못하고 교통정리도 못하는 남편이 그렇게 서운하였다. 그래서 몸으로 부딪혀서 열심히 일하면서 살았다. 오죽했으면 큰댁에 딸들이 많으니까, 큰댁 딸들 시집갈 때나, 보내고 나서 어떻게 하나 보자는 앙금까지 생겼다.
 '딸을 낳으면 비행기 탄다.'는 옛말처럼 몇 년 전 해외여행을 작은동생의 도움으로 시켜드리고는 이내 거리를 두었다. 갑작스런 딸의 행동이 섭섭하다며 난리였다. 딸자식 공부시켜도 소용이 없다고까지 하면서 말이다. 엄마의 기분을 잘 맞춰주고 말도 잘 들었던 나는 애써 외면하였다.

　아들들에게 좀 기대며 살아보라는 마음이었던 것이다. 한창 내 자식들 공부시키기에 급급하던 나는 혼자 힘으로 견뎌내기가 힘들었다. 나는 성격적으로 힘들다고 아무에게 손을 내밀지 못한다. 괴롭다고 아무에게나 손을 덥석 잡지 못한다. 내게 닥친 어려움은 내 한 몸으로 감당해 나가자는 성격이라 거리를 두고 멀리 서 있었다.

　어머니는 가난한 집안 농부의 둘째아들에게 시집와서 자식들 잘 길러보려고 안간힘을 쓰셨다. 또한 시대적으로 큰아들에 대한 집착도 만만치 않으셨다. 객지 공부 시키면서 큰 기대를 하였지만 사회의 기여를 보지 못했다. 결국 큰아들에 대한 눈물을 펑펑 쏟으며 아쉬움을 안고 이승을 떠나셨다.

　딸에 대한 집착이 많으신 어머니에게 원망도 많았다. 그러나 끝내 마지막 순간까지 딸이 나타나기를 기다렸다는 사실에 모든 것이 눈 녹듯이 녹아 내렸다.

　어머니는 이 세상을 떠나고 나면 예상치 못한 일이 일어날 것이라고 예측하셨는가 보다. 큰 고통을 감내할 자식은 오직 하나뿐인 딸이라는 것을 알기에 마지막 순간까지 있는 힘을 다해 기다렸는지 모른다는 생각이 장례 마치는 순간까지 나를 지배하였다. 장례가 장남의 고유권한으로 풍수지리 믿음과 타인의 강요로 뒤범벅이 될 뻔하였다. 장녀의 권한으로 천신만고 끝에 무사히 치르게 될 줄이야 꿈엔들 알았을까 싶다.

어머니의 마지막 가는 길까지 뒤죽박죽 힘들게 하고, 일가친척들 가슴을 다 녹아내리게 한 큰동생도 언젠가는 옳고 그름을 알 날이 올 것이라 믿는다. 언니, 오빠도 없이 선두에 서서 모든 것을 솔선수범하여 처리할 때, 다행히 남편이 내 곁에 있다는 것만으로 너무 든든하였다. 생애 첫 어려움을 겪는 나에게 진주라 천리 길을 달려와 주신 화성시장님, 문화원장님, 대한양계협회 각 지역 대표님들 동문, 친구들, 적십자 회원님, 사회단체 주민자치 위원님 등 많은 분들이 다녀가셨다. 더불어 감사함이 별처럼 마음속에 남아있다.

나는 그 감회를 감히 말로 표현할 수 없다. 지금까지 사회를 위하여 보람된 봉사활동을 하면서 마음을 비우고 히였다. 그 가르침을 깊이 받아 실천할 수 있었던 것은 인류의 큰 스승이신 부처님의 가피라고 믿는다. 그리고 사회에서 좋은 분들을 많이 만났다. 혈육처럼 챙겨주는 스승을 만나 훌륭한 가르침도 받았다. 그래서 지혜를 생산할 수 있는 푸른 마음이 있다는 것에 즐거울 뿐이다. 특히 아직까지는 자식들의 행동에 큰 행복과 보람도 듬뿍 맛보았다.

해병대에서 군복무 중인 아들과 두 딸들이 2박 3일 꼬박 손님 접대와 궂은일을 손발이 척척 맞게 문상객과 고향 어르신들을 잘 접대하였다. 어르신들의 사투리를 빨리 이해하며 음식을 잘 챙겨 드렸다는 것을 알게 되었다. 자식들의 행동과 언어에 이구동성으로 동네 어르신들은 "자식들 교육 정말 잘 시켰다. 요즘 애들 아니다."라는 과분한 칭찬을 받았다. 그 덕분에 정신과 육체의 피곤도 잊고 삼우제까지 홀로 가까운 절에서 지내고 올라왔다. 어머니에게 호되게 교육을 받은 덕분에 옳고 그름을 판단할 수 있었다는 것을 이제야 느낀다.

딸이 출가하면 험난한 가시밭길이 생길 것이라는 것을 미리 알기에 내가 감당하기 힘든 인내 교육까지 시켰다는 것도 알 수 있다. 그렇지 않았다면 오늘의 내가 이 자리에 당당하게 서 있을 수 있을까 싶다.

어머니까지 세상을 떠나자, 이제 고아가 되었다는 마음에 한없이 서글퍼진다. 오늘 나는 어떻게 해서라도 자식들 먹이고, 입히고, 공부시키기 위해 애간장을 녹이며 살았던 부모님 흔적을 마지막으로 밟아본다. 나 역시 그 길을 흉내 내며 걸어간다. 육체는 떠나고 없는 자리, 어머니의 옷가지들이 주렁주렁 걸려 있다. 이 모든 것을 내 손으로 치워야 한다. 차츰차츰 가슴이 아려오더니 마음 깊은 곳에서 비가 내린다.

(2008)

보리밥

　수원 광교산 등산을 마치고 보리밥 전문집에 앉았다. 오랜만에 맛을 보자는 의미였다. 반가운 것은 아니다. 눈을 잠깐 감고 아주 먼 과거로 뛰어가 본다. 누렇게 익은 보리밭이 펼쳐진다. 흑백영화 한 장면 같은 추억이 펼쳐지면 대바구니에 담긴 보리밥 덩어리가 보인다.
　여름날이면 열무김치, 된장찌개 앞에 수북이 쌓인 보리밥 덩어리를 불평도 없이 잘 먹었다. 그 보리밥에 갖가지 나물을 넣고 쓱쓱 비벼 본다. 예나 지금이나 목구멍에 넘어갈 때 부드럽지 않은 것은 마찬가지다. 다만 멀어진 추억을 음미하면서 먹는다.
　그때는 쌀이 귀했던 시절이었다. 논에서 나오는 쌀은 모두 추곡수매에 내보내고, 논과 밭에서 나오는 보리를 주식으로 먹었다. 여름이 되면 집집마다 보리를 씻어 말리고 볶아서 보리미숫가루를 만들어 먹었다. 좀 더 맛있게 먹기 위해서는 밀과 콩을 넣으면 고소하고 맛있었다. 보리미숫가루를 여름 내내 물에 타서 먹었다.

보리가 최고의 자연 강장제이며 말초신경 활동과 위(胃)를 온화하게 한다고 하지만 나는 보리밥 먹고 나면 배가 아팠던 기억이 남아 있다. 그래서 밀가루 음식과 고구마를 즐겨 먹으며 유년 시절을 보냈다. 보리쌀을 삶아서 대바구니에 담아두고 다시 밥을 지어 먹곤 했다. 뭉쳐진 보리밥 덩어리는 성인병을 지켜주고 섬유질이 많아 좋다고 한다. 하지만 남편이나 나나 거부하고 있다.

요즈음 쌀이 풍족하여 쌀밥을 주식으로 먹으며 살고 있다. 보리는 쌀에 비해 소화가 빨라 쌀밥 50g을 소화하는데 1시간 30분이 걸리는 반면에 보리밥은 같은 시간에 100g을 소화시킨단다. 그래서 보리를 7:3비율로 섞어 먹는 것이 몸에 제일 좋다고 밝혀졌다. 건강을 잃지 않고 살기 위해서는 먹어야 하는데 선뜻 보리에는 손이 가지 않는다.

보리의 효과를 보면 산성식품 섭취로 인해 악화된 우리의 몸을 알칼리화해 건강체질로 만들어준다고 한다. 섬유질, 비타민, 미네랄, 무기염류 등이 골고루 들어 있다고 한다. 특히 성인병 예방, 심장질환, 고혈압, 당뇨병인 콜레스테롤을 낮추는데 탁월

하다고도 한다.

  1960년대는 춘궁기를 심하게 겪었다. 양식이 떨어져 어려움을 겪었던 농가가 많았다. 풋보리를 꺾어다가 불에 구워서 비비면 껍질이 벗겨졌다. 간식거리로 유일하게 맛있게 먹었던 것도 지워버리지 못하고 있다. 보리가 없었다면 그 시절을 살아내기가 여간 힘들지 않았을 것이다. 보리의 존재를 소중하게 생각해야 하는데 그렇지 못하다. 탱글탱글 굴러다니면서 뭉쳐지지 않는 보리밥을 먹고 자란 추억을 어떻게 지우겠는가.

  보리밥 하면 떠오르는 것이 있다. 항상 보리밥만 먹고 지내다가 도시락 싸는 날이나 손님이 오시는 날에는 쌀을 넣고 밥을 지었다. 동생들 도시락에 쌀밥을 넉넉하게 담다 보면 내 도시락은 온통 보리밥뿐이었다. 자존심 강했던 나는 도시락을 싸지 않고 학교 가는 날이 많았다. 항상 동생들을 먼저 생각했던 누이들의 마음이었다. 그 시대에 살았던 누나들은 모두 한 마음일 것이다. 동생들을 먼저 챙기며 부모님의 부족한 사랑을 전달하고 살았다. 나 역시 배고픔을 견디며 학교생활을 했던 그림도 그려진다.

  그러나 지금은 쌀의 고장에서 살고 있다. 서해안 간척지 논에서 생산된 쌀로 밥을 지어 먹는다. 기름이 자르르하고 밥맛이 너무 좋다. 때론 가까운 손님들이 오시면 밥맛이 너무 좋다고들 한다.

나는 쌀 자랑을 한다.

쌀의 홍보대사가 되어 연설을 하게 된다. 이곳 화성의 쌀은 땅심이 좋은 곳에서 자란다. 마그네슘, 칼리성분이 타 지역에 비해 무려 세 배나 많고 오염되지 않는 지하수 농업용수로 재배된다. 쌀이 많이 생산되는 곳이다 보니 인심 또한 좋다고 덧붙여 말한다. 천혜의 땅을 밟고 다니며 살고 있다.

오늘따라 보리밥이 밉지도 않고 싫지도 않게 곱씹으면서 어둠속에 묻혀 있는 가슴 아픈 추억을 꺼내본다. 그만큼 세월이 많이 흘렀다는 것인가.

(1999)

감사함을 느끼며

 정해년 설날을 맞이하면서 한 해를 뒤돌아보면 유난히 감회에 젖어 눈물이 난다. 2006년 11월 15일 나의 생일이었다. 불교를 믿으면서 조상님의 감사기도와 남편생일, 자식들 생일 축원기도와 사업번창 기도는 지극 정성으로 하였지만 내 생일은 등한시 해왔다. 아니 챙기지 않았다.
 나의 51번째 생일을 맞이하여 나도 모르게 이 순간까지 아무른 일 없이 정말 무사히 살아온 것에 대해 감사함을 느끼게 되었다. 난생처음 나를 위한 생일 축원을 올렸다.
 그날따라 수능고사일 앞두고 어머니들이 자식들을 위해 간절한 마음으로 기도하고 있었다. 너무나 엄숙해 보였다. 옛 생각이 나서 나도 모르게 수능 보는 어머니편이 되어 입시성취 기도 발원문을 낭송하며 행운을 빌어 주었다.

모든 것이 다 이루어질 것만 같은 큰스님의 기도발원문과 내 생일 축원하는 목소리가 귀에 쏙 들어왔다. 그 한마디가 마치 부모님께 큰 칭찬을 받은 것처럼 기뻤다. 법보서적 보살님께서 "점심 공양 들고 가세요?"라고 하였지만 배가 고프지 않아 즐거운 마음으로 차를 몰아 집으로 향했다.

집으로 내려오다 정남면 중간 지점에 뻥 뚫린 직선도로가 나온다. 그 길로 접어들 때 핸드폰이 울렸다.

"여보세요. 기석이 어머니시죠? 아드님이 상부의 명을 받고 육상 근무하게 되었습니다. 오늘 오전 12시 10분배를 타고 떠났습니다. 오후 6시쯤이면 본부에 도착할 것입니다. 그때 정문에 나가 계시면 아드님 얼굴을 잠깐 볼 수 있을 것입니다." 하였다. '역시 해병은 말 그대로 영원한 해병이구나.' 친절한 행정관님의 배려가 너무 고마웠다.

나도 모르게 부처님의 약발이 너무 빠르지 않습니까? 소리치고 말았다. 세상을 살다가 이런 미묘한 일이 나에게도 일어나는구나 생각하니 말로 표현할 수 없는 흥분과 기쁨이 내 온몸을 덮기 시작하였다.

아들이 군대를 가면 모든 어머니들도 군인이 된다. 또 군대에서 보내온 옷 보따리를 받아 보고 눈물 흘리지 않는 어머니는 없을 것이다. 군대에서 제대할 때까지는 조바심이 가득 찬 방석에 앉아 아들을 기다리게 된다.

군대하면 어깨가 자동적으로 무거워진다. 나의 둘째 동생은 공수부대를 지원해서 5년 동안 근무했다. 내가 업어서 키운 동생이다. 어릴 때부터 그림자처럼 항상 내 옆에서 살았다. 직장을 다니던 나는 고등학생이 된 동생을 데리고 3년 내내 자취하면서 함께 지냈다. 누나가 결혼한다고 했을 때 조용필의 '가지 말라고, 잊혀진 사랑' 노래를 틀어 놓고 마음 달래던 동생이었다. 자식처럼 각별한 동생이라 공수부대 지원을 말리며 서류가방을 빼앗기도 했다. 공수부대원들이 낙하하는 걸 보면 마음이 조마조마하여 방송을 보지 못하고 채널을 돌려 버렸다.

또 내 아들도 해병대 지원하여 간다고 할 때 너무 놀랐다. 머리가 핑 돌았다. 입영통지서를 똑바로 볼 수 없었다. 그랬다. 내 아들이 참으로 해병대에 지원해 갈 줄 꿈에도 몰랐다.

아버지도 동생이 공수부대를 지원해 간다고 했을 때 너무나 걱정스러워 말렸다. "군대는 나 하나면 족하다."고 하였다. 전쟁으로 인해 엄청난 고난을 겪었을 뿐 아니라 군대에 대해 훤히 알기 때문에 그러했으리라.

그래서 평범한 군대생활을 원했던 것이다. 나 역시도 평범한 군대지원을 원했다. 남자들은 야생마 같아 군대가 진정한 남자로 태어나게 해주는 곳이라 생각했다.

가정을 위하고 사회를 위하는 일에는 군대 다녀온 경험이 최고일 것이라고 믿었다. 그리하여 큰 지혜를 발휘하며 살 수 있을 것이라고 생각을 하였던 것이다. 또 남자들만의 인생을 가르치는 곳이 군대라고 믿었다. 막상 아들이 군대를 가니까 그런 마음들이 싹 달아났다.

염려와 걱정이 머리부터 발끝까지 똬리를 틀고 가슴팍에 앉아 있었다. 남편은 달랐다. '남자는 군대를 3년간 근무해야 남자가 된다.'는 등 아들이 군대에 지원해 간 것을 좋아하고 있다. '요즈음 군대가 군대냐'며 과거에 남편이 군대생활 했던 이야기를 거듭 강조한다.

남자들은 왜 그럴까. 남자가 여자 마음을 모르듯이 여자인 나 또한 남자 마음을 모르겠다. 매일 염려하고 걱정하는 나를 보고 "아예 아들 부대 앞에다가 방을 얻어 살러 가라."고까지 한다. 내 마음공부를 심하게 만들었다.

내가 학교 다닐 때 남녀 모두 군사훈련(교련)을 3년 동안 받았다. 사열을 받기 위해서는 맹훈련을 했고 기초적인 화생방훈련교육도 받았다. 그 시절에 받은 교육의 정신은 지금까지 남아 있다고 해도 과언이 아니다.

거기에 비하면 아무것도 아니다. 아들은 실질적인 훈련을 받기 위해 떠난 것이다. 무사히 잘 마치고 돌아오기만을 기다리게 된다. 부모로서 자식이 잘 되기를 모두가 바라는 것이 아닌가. 살아가면서 행운을 얻는다면 이보다 더 큰 기쁨과 행복이 어디 있겠는가.

요 며칠 사이 작은딸은 중국 칭다오에서 열린 생방송 음악회 본선에서 대상을 받기도 했다. 상품으로 그랜드 피아노 한 대 받았단다. 나 역시 적십자사 총재 표창(2000)과 경기도 문인협회 문학 공로상까지 받았다.

세상을 살면서 2006년 한 해처럼 세상이 감사하고 길가에 메마른 풀잎까지 감사하게 느껴지기는 처음이다. 따뜻한 봄날 같은 세월이 나를 너무 기쁘게 해주었다.

종교의 힘이 무척이나 큰 것 같다. 해법을 찾지 못해 머리가 어지럽고 마음이 갈팡질팡 할 때 뭔지 모르게 광명의 문을 열어준다. 불행을 겪을 때나, 시시때때로 변하는 세상 속에서 생업의 안정과 가정에 희망과 용기를 준다.

인류의 큰 스승을 만난 덕분이라는 생각이 든다.

우리네 인생은 나이를 먹게 되고 결국 미련 없이 다 주고 빈손으로 떠나게 된다. 이제부터 더더욱 인생을 굵게, 굵은 삶을 유감없이 발휘하며 살고 싶다. 세상 살아가기가 참으로 팍팍하지만 오가는 따뜻한 정 속에 행운까지 따른다면 삶에 속도가 붙고 살맛이 난다.

내 작은 행동이

투명하게 남아 있는 추억을 펼쳐본다. 아버지께서 시간만 나면 산에 가셔서 솔가리를 갈퀴로 긁어 작은 집채만큼 만들어 짊어지고 들어오시던 모습이 떠오른다. 솔가리는 최고의 땔감이었다. 밥 지을 때 눈물 흘리지 않고 사용하는 땔감인 것이다. 집 뒤란에 가득 쌓인 솔가리는 가족이 따뜻한 겨울을 나기 위한 든든한 재산이기도 했다.

남새밭에서 푸성귀를 뜯어 앞도랑에서 씻어 밥상에 올려 먹어도 대장균이 있는지도 몰랐다. 그저 맛있게 먹고 우리는 건강히 자랐다. 어머니를 따라 밭에 가서 목 말라하면 옹달샘으로 데리고 가 나뭇잎으로 물을 떠주면 시원하게 마셨다. 자연이 깨끗하고 아름다웠던 기억이 고스란히 남아있다.

시대의 변화로 자연은 마구 파괴되고 시민의식도 결여되고 말았다. 축구가 열리던 종합운동장에서 쏟아져 나오는 쓰레기는 어떠한가. 수돗물도 못 믿고 먹는 세상이라고 종종 보도되는 것을 보고 놀라기도 한다. 내 아이들에게는 '수돗물은 그냥 먹으면 안 된다. 꼭 끓여서 먹어야 한다.'며 부정적인 소리만 하게 된다.

공동체적인 삶을 부정하기보다 우리 후손들에게 무엇을 물려줄 것인가를 심각하게 생각했으면 좋겠다. 막무가내로 팽개쳐 버리는 생활방식부터 고쳐나가야 한다고 본다. 하루에 중금속 폐수가 14만 톤 유출되어 샛강을 오염 시키고 있다는 신문 보도를 본 적이 있다. 샛강부터 오염되기 시작하면 큰 강은 말할 것도 없다. 큰 강이 오염되면 바다는 어떻게 될까싶다.

바다 하니까 몇 해 전의 일이 떠오른다. 한국어린이육영회 화성군 여성단체 총무를 맡고 있었다. 육체적인 봉사활동을 많이 다녔다. 군부대 김장하기부터 열심히 다녔다. 서울 법대를 나오신 김현순 여성단체협의회장님 밑에서 많이도 배웠다. 마음도 따뜻하고 지혜도 있으셨다. 회원들 밥을 지어 밥솥째 들고 오시기도 하였다. 친정어머니 연세와 비슷하다보니 엄마 같았다. 그리고 화성군 서해에 있는 '국화도'라는 작은 섬에 쓰레기 청소를 하러 가자고 했다.

섬이라면 아름답겠다는 환상적인이고 낭만적인 풍경이 생각나 마냥 소녀처럼 마음이 부풀어 있었다. 섬에 무슨 청소가 필요한가 싶었다. 조개도 잡아 보겠다는 생각을 하게 되었다. 행정선을 타고 국화도에 들어갔다. 그런데 너무 놀라고 말았다. 세상에나 이럴 수가 있나 싶었다. 섬 주변은 각종 쓰레기가 밀려와 수북이 쌓여 있었다.

특히 빈병과 부탄가스통과 1회용품들이 수두룩하였다. 태울 것은 태우고 수거할 수 있는 것은 한곳에 쌓아 두었다. 우리 힘으로 다 치울 수가 없었다. 태우는 과정에서는 폭발음이 뻥~뻥~ 나기 시작하여 깜짝깜짝 놀라기도 하였다. 땅 속에 묻혀 있던 부탄가스통이 터지는 것이었다. 모래사장에 파묻힌 각종 쓰레기도 파내어 치웠지만 역부족이었다. 내 작은 행동이 이렇게 섬 둘레에 모인다는 사실을 발견하게 되었다.

육지에서나 바다에서 아무렇게나 던진 병, 무심히 버린 쓰레기가 샛강을 타고 결국 바다로 흘러가서 떠다니다가 섬으로 모인다는 것을 눈으로 확인하게 되었다. 물질만능에 흠뻑 젖어 희로애락에 젖어 살면 안 되겠다는 자각을 하게 되었다. 기성세대의 책임 있는 행동과 학교에서 작은 것이라도 함부로 버리면 안 된다는 교육이 필요하다고 느끼게 되었다.

나는 봉사활동을 통해 내 자신부터 반성하고 내 자식들에게 교육시키게 되었다. 내가 스스로 할 수 있는 일은 세제를 적게 쓰게 되었다. 시중에서 파는 세제를 사오면 빈병에 세제 반, 물 반을 섞어 마구 흔들어 희석시켜 쓰면 거품이 적게 일어났다. 옛 어린 시절 주방용 세제 없이 살던 기억이 나기도 하였다. 그리고 내 아이들에게 쓰레기를 아무 곳에나 절대 버리면 안 된다고 교육을 시켰다.

지금 잘 지키고 있다는 것을 알 수 있었다. 아이들 책가방 속에서 작은 쓰레기가 나오는 것을 본다. 하루는 중2 딸애가 학교 앞 문방구에서 군것질을 하고 난 비닐봉지와 나무 막대기를 손에 꼭 쥐고 집에까지 가져왔다. 나는 잘했다고 칭찬을 해 주었다. 또 국화도 이야기를 덧붙여 주었다. 딸애는 오히려 친구들에게도 쓰레기를 아무 곳에나 버리지 말라고 이야기 한다고 한다.

얼마 전에 평택군 포승면에 쏟아진 주먹만 한 우박, 천둥번개 같은 자연 현상도 무섭기가 그지없다. 자연이 내리는 공포탄과 같고 어마어마한 경고인 것만 같다. 환경오염으로 인해 변한 기후 변화 같다. 나무 한 그루라도 심겠다는 생각이 자꾸 든다. 자연과 맺은 인연을 소중히 여기며.

(1997)

독쟁이 동가

나이가 들면 시골이 살기 좋다고들 하는 사람이 많다. 시골이 아무리 좋다고는 해도 이웃과 왕래할 마음 맞는 벗이 없다면 참으로 삭막한 것이다. 차 한 잔이라도 나누며 인생을 이야기 할 수 있는 이들이 있음에 마음이 푸근해진다.

서로 염려해주고 따뜻한 말을 주고받으며 정을 나눌 수 있는 이웃으로 인해 더더욱 전원생활은 건조하지 않은 것이다.

내가 살고 있는 동네이름은 독정리다. 2010년 주소 지명에 따라 한천 마을로 불리게 된 것이다. 예부터 내려오는 토속적인 이름은 독쟁이라고도 부른다. 겉으로 보기는 그냥 시골 마을처럼 보일 수 있지만 400년 내지 500년 동안 말없이 흐르고 있는 역사가 깊은 마을이다. 애향심이 많은 이 지역출신인 작곡가와 국가 재건이 한창이었을 때 마을 발전에 힘을 불어

넣기 위해 독쟁이 동가를 만드신 분들이 계셨다.

그 소중하고 보배 같은 기록이 역사 속에 묻힐 뻔했는데 우리 동네 교회 장로님과 이장님과 지도자께서 적극적으로 나서서 복원하고 부족한 것을 추가했다. 아침에 이장님이 방송할 때면 꼭 동가를 틀어준다. 정확하게 듣고 싶어도 우리 집까지는 들리지 않는다.

아침을 깨우는 경쾌한 음악소리만 들려도 기분이 상쾌해진다. 언제가 우리 마을 독쟁이날 행사 때 동가를 낭송한 적이 있다. 그래서 동가 노래만 나오면 빰빰 빰빰 빰빠빠빠~ 멜로디를 살려서 흥얼흥얼하게 한다.

(1) 역사 깊은 정자나무 앞에다 두고 힘차게 자라는 독정리 청년아 우리의 힘으로 터를 닦으며 우리의 손으로 세워 나가세 대한의 으뜸이다 자라는 독-정 장안의 표상이다 우리의 마을
(2) 유서 깊은 찬-우물 앞에다 두고 이웃과 함께하는 우리의 동민들 우리의 터전을 함께 가꾸며 우리의 힘으로 나가세 화성의 모범이다 빛나는 독-정 장안의 자랑이다 우리의 마을
(3) 우뚝 솟은 앞-산의 정기를 받아 평생을 함께하는 영원한 주민들 사랑과 지혜를 한데 모아서 우리의 고향을 지켜 나가세 삼괴의 제일이다 영광의 독-정 후손의 자랑이다 우리의 고향

후렴: 독정 독정 그 이름 영원하리라 삼괴지방 독정리 길이 빛나리.

이제 30년 넘게 살다보니 내 고향 같다. 수백 년 동안 마르지 않는 찬 우물도 있다. 사람들 모두가 인심이 참 좋다. 타지에서 들어온 사람이라고 배척하지 않는다. 기독교의 원조가 뿌리 내린 곳이기도 하다. 사랑과 감사와 기쁨으로 한 가족처럼 지내는 분들이 많다. 과거에 계셨던 목사님과 사모는 나를 교회에 나오게 하기 위해 많은 기도를 했다고 한다. 그 마음은 정말 감사하지만 내 마음속에 뿌리 깊은 종교가 있다고 말씀드린 적이 있다. 그 고마운 정은 지금까지 나누며 살고 있다. 한 가족처럼 대해주는 분들이 많아 살기 좋은 마을이라고 내세우고 싶다. 작고하신 전 노인회장님께서는 나에 대한 칭찬을 많이 했단다. 가시고 난 후에야 알았다.

우리 마을은 소지명과 유래와 뜻이 깊은 곳이다. 동네 어르신들께서 소지명으로 말씀하실 때 많이 헷갈리기도 했다.
'독찜' 독을 굽는 곳. 독쟁이가 독정리로 생기게 된 것.
'찬 우물' 깊이 1.5m 변함없이 물이 줄지 않고 흘러넘치는 곳.
'사타말'은 새로 터를 잡아 살기 시작한 곳.
'볶음말' 1947년 기독교인 처음 생겨난 곳.

'원뎅이' 무당이 살던 곳
'수렁개' 갯벌이 많아서 불리던 곳.
'고리장굴' 고려시대 때 부모를 생매장 하던 곳이며 지금도 흔적이 있다고 함.
'한작굴' 땅의 물 빠짐이 좋지 않아 항상 질척하다 하여 불리는 말.
'건너말' 마을 건너편 느티나무 있는 곳.
'하낙굴' 한양 가는 길이 이곳 밖에 없었다고 한다. 인조임금님도 이곳에 오셔서 국고개라고 했다고 함.
'복골' 뒷골이라고 한다. 뜻은 새들이 뒷골 산에서 둥지를 틀고 알을 품어 새끼를 많이 부화했다는 곳. 등 우리 마을 지명 유래가 61개나 된다. '나의 독쟁이' 홈페이지에 들어오면 자세히 알 수 있다.

그리고 장수마을로 불리기도 한다. 땅이 비옥하고 농작물도 잘되며 풍수해가 전혀 없는 천혜의 조건을 갖추었다. 내가 살고 있는 지명 복골(뒷골)이다. 우연 일치인지 모르지만 이곳 터전이야말로 큰 행운이라고 생각한다. 농장을 경영하기에 적합한 지명이 아닌가 싶다. 지금도 우리 농장주변에 새들이 많다. 심지어 작은방 창문을 열면 사철나무에 앙증스럽게 만든 새둥지를 발견하곤 한다.

우리 동네에는 보건지소가 있어 어르신들에게는 참으로 좋다. 감기몸살 등 사소한 것은 시내에 나가지 않아도 된다. 이렇게 큰 행운 얻기까지는 마을 지도자들의 숨은 노고가 있다. 좀 더 깊은 역사와 유래를 자랑하고 싶은데 많이 부족하다. 홈페이지에 들어가서 찾아 인용했다. 수백 년 뿌리를 내리고 살아온 마을의 모든 지명과 역사를 영상을 만들어 보존해도 될 것 같다. 느티나무와 찬 우물의 역사는 눈으로 볼 수 있지만 지명은 없어질 수도 있겠다는 생각이 든다. 독쟁이 동가가 살아나듯이 우리 마을의 고유명칭을 되살려 역사적으로 아니 후손들에게 소중한 자료로 남기기를 기대해 본다.

마지막 도리 · 1

참, 긴 세월이었다.

아버지께서 돌아가신 지 18년이 지났다. 우연히 텔레비전에서 특별담화 발표하는 대통령의 말씀을 듣게 되었다. 대통령께서 6·25참전용사 명예 회복을 해드리겠다고 하신다. 그동안 답답했던 가슴에 희망의 회오리바람 한 줄기가 시원하게 핥고 지나간다.

1998년 2월 19일. 아버지께서 운명하셨다. 평생 농사를 천직으로 알고 뼛골이 다 닳도록 고생하셨다. 일찍 허리까지 구부러져 힘들게 사시다가 고희가 되던 해 임종조차 지켜주는 자식 하나 없이 홀로 떠나셨다. 큰고모님께서 아버지 마지막 가시는 길에 관(棺)을 치며 통곡하던 애달픈 목소리는 잊을 수 없다. "어미 일찍 여의고 고무신짝만해서부터 남의집살이 하고 전쟁통에 고생고생만 하고 가는 우리 오빠 불쌍해서 어찌하누~ 오빠, 오빠~"하며 소리쳤다. 아버지의 삶을 생각해보게 하는 소리였다.

　아버지 유년 시절을 자식들은 모른다. 오직 혈육만이 아는 사실을 고모님의 곡소리로 어렴풋이 짐작할 수 있었다. 고모님의 한탄소리에 참 마음이 아팠고 가슴이 미어지는 듯했다. 돌아가신 후 아버지 유품을 정리하다가 국가로부터 충분히 보상 받을 수 있는 자격을 갖추고 있다는 것을 알게 되었다. 아버지께서는 시대적 운명으로 생각하고 숙명적으로 받아들인 것이었을까? 아니다. 배움이 짧아서일 수도 있었을 것이라는 생각이 들자 죄책감이 몰려오고 가슴은 태산처럼 무거워졌다.

　육본에서 보내온 무공훈장 수여자라는 공문을 보고 더욱 느끼게 되었다. 그제야 명예를 찾아보려고 백방으로 알아보기 시작하였다. 내 힘으로 도저히 찾을 수 없었다. 어느 곳에 분명 있을 것이라는 생각만 자꾸 들었다. 6·25전쟁 1,129일이라는 기록문을 읽어보면서 눈물도 많이 쏟아 내었다. 그럴수록 아버지가 너무너무 불쌍하다는 생각이 들며 내 영혼과 가슴이 온통 멍이 들기 시작하였다. 기회가 되면 꼭 아버지 명예를 찾아 효도하리라는 생각을 가지게 되었다.

　군 복무 8년 동안 받아서 보관중이었던 낡은 증서들을 고스란히 가지고 왔다. 차근차근 읽어보니 단기에서 서기로 바뀐

것과 안타깝게도 성함도 세 개요 군번이 2개나 되었다. 아! 그랬구나. 아버지께서 생전에 나한테 하신 말씀이 떠올랐다.
"군 복무중 보고서를 써서 제출하는 것이 제일 어려웠다. 부하에게 써달라고 못하겠더라. 공부 열심히 하거라."
그 한마디 속에 아버지의 자존심이 있었던 것이다. 얼마나 속상하고 답답했을까. 내 가슴이 핏빛처럼 물들기 시작하였다.
세월이 한참 흐른 후, 아들이 해병대를 지원하여갔다. 백령도에 배치를 받아 근무하게 되었다. 가슴 떨리는 자대 배치에 마음 편히 잘 수 없었다. 자나 깨나 아들 걱정을 하게 되었다. 자상하기 그지없는 행정관을 만나게 되었다. 아들을 군대에 보낸 어미 마음을 잘 헤아리며 아들 근황을 소상히 알려 주어서 마음이 조금 편할 수 있었다. 어느 날 아들이 외할아버지 유물을 달라고 하였다. 제대를 앞두고 본인이 직접 찾아가서 알아볼 계획이라고 하였다. 아들은 용기있게도 어렵고 어려운 상관을 찾아가 자초지종 설명을 하였다고 한다. 박물관에 두어야 된다고만 하였지 찾을 수 있는 길을 안내해주지는 못하였다. 소중한 인연이 되려고 했었는지 김 행정관과는 아들이 제대한 후에도 가끔 안부도 물으며 왕래까지 하며 지내게 되었다. 한번 해병은 영원한 해병이듯이, 알 수 없는 연에 이끌려 군부대에 후원할 수 있는 길이 있으면 아낌없이 보내기도 하였다.
막상 대통령 담화는 들었지만 아버지 이름을 어떻게 찾아야 하는지 고민하게 되었다. '그동안 명예를 찾기 위해 얼마나 노력했던가.' 기회가 온 것인데 어떻게 해야 할지 가슴은 두근거려 왔다. 그동안 사회활동으로 얻은 지혜를 찾아 1단계부터 찾아가기로 했다. 아버지 명예를 찾는데 자격을 갖춘 자녀가 누구인지 궁금했다. 사남매 중에 내가 맏이이지만 남동생이 셋이 있다. 국가 기관에 문의를 하였다. 자녀 중에 딸, 아들 구분 없이 제일 맏이만이 자격이 된다고 하였다. 아버지 유물은 내가 가지고 있었다. 어렵지 않게 절차를 밟을 수 있게 되었다.

　2단계는 아버지 성함이 세 개나 되는 것을 호적 이름으로 바꾸는 것이 제일 큰 어려움이었다. 고민 고민하고 있는데 머리에서 번쩍 떠오르는 사람이 있었다. 바로 해병대 친절한 김행정관이었다. 바로 전화를 하였다. 군에서 전역한 이름과 호적의 이름이 달라 아버지 명예를 못 찾고 있다며 자초지종 설명을 드리자. 세상에 이런 일이 있나 싶었다. "어머니! 제가 상부의 명을 받아 그 교육을 받고 있습니다. 도와드리겠습니다." 하지 않겠는가. 나는 어안이 벙벙했다. 기쁨의 탄성을 지르고 싶었다.

　3단계는 행정관께서 가르쳐준 대로 해병대 사령부에 문을 두드렸다. 사령부에서도 친절하게 "요즈음은 인터넷으로 접수해야 합니다. 인터넷을 사용할 수 있습니까?"라고 물어왔다. 능수능란하지 못하지만 기초적인 것만 할 수 있다고 대답하였다.

바로 인터넷 접수에 들어가자 '해병대 후원자님 환영합니다.'라는 단어가 긴장을 풀어 주었다. 만고 같은 세월을 하나하나 기록하자니 마음은 돛단배를 탄 것처럼 출렁거려 왔다.

아버지 기록이 고이 남아 있기를 간절히 기도하며 접수를 시작하였다. 만감이 교차하자 손가락이 떨려 빨리 되지 않고 눈까지 침침하여 왔다. 간신히 접수를 마치자 화면 속에 '서류접수가 완료 되었다'라고 나타났다. 아버지 유물은 칼라로 복사해서 보냈다. 그 나머지 서류는 면사무소에 가서 하는 일이라 마음 가벼이 할 수 있었다.

4단계는 병무청에 접수하는 것이었다. 아무리 생각하여도 그냥 가면 안 될 것 같았다. 아버지 병력 증명서, 병적 증명서 등 서류가 필요할 것 같아 사령부에 부탁을 하였다. 그것은 아버지 성함 석 자가 정정된 것을 확인하기 위해서였다. 군사적인 문제라 무척 조바심이 생겼는데 감사하게도 서류를 보내 주었다.

모든 서류를 들고 병무청으로 달려갔다. 담당자에게 갖고 간 서류를 내놓자 "어머니! 서류를 정말 잘해가지고 오셨네요." 하였다. 또 그 자리에서 바로 병적 이름과 호적 이름이 일치되게 만들어 주었다. 이 감회를 말로 표현할 수 없었다. 아버지 계급도 찾게 되었다. 하사로 제대한 줄 알았는데 중사로 제대하였다. 생전에 계셨더라면 얼마나 좋아하셨을까 생각하니 가슴이 아려왔다.

　5단계는 보훈지청에 서류를 접수해야 했다. 그래야 국가유공자 증서를 받을 수 있다. 너무나 기쁜 나머지 더위도 잊은 채 수원 보훈지청으로 달려갔다. 한 달 후 심의를 거쳐 국가유공자 증서가 갈 것이라고 하였다.

　드디어 2014년 7월 10일 국가보훈처로부터 국가 유공자 증서가 도착하였다. 인생을 살아가면서 내 삶이 이렇게 빛나는 삶은 처음이다. 꿈도 잡고 그림자도 잡은 것처럼 너무 기뻤다. 세상에 태어나 나라를 위해 8년 동안이나 헌신 하신 아버지께 인사를 드린다. '아버지 이승에서 대접 못 받은 것 저승에서라도 대접 받으세요 죄송하였습니다. 그리고 아버지 사랑합니다.' 마지막 인사를 드렸다. 주름진 가슴을 활짝 펴본다. 앞으로 전쟁은 절대 일어나지 않아야 된다.

　대통령의 지혜와 힘이 아니었다면 자식 된 마지막 도리는 영영 하지 못하였을 것이다. 국민을 위한 정치가 얼마나 큰 것인가를 감격적으로 받아들이며 국가유공자 증서를 끌어안고 한참 동안 환희의 눈물을 흘렸다.

　사람이 살아가면서 이런 일도 있나 싶다. 좋은 인연을 만난다는 것이 얼마나 어려운 일인가. 한 번 만남을 연속적으로 이어가기란 쉽지는 않다. 서로가 인간다운 정을 나누며 살아간다는 것 또한 얼마나 어려운 일인가. 긴 세월 동안 명예를 찾지 못하여 혼자 말없이 속을 태웠는데 소중한 인연이 나타나 그 길을 찾아 주었다. 이제야 나는 마음을 가벼이 살 수 있을 것 같다.

아들도 그렇다. 마음이 여리고 겁도 많은 녀석이 외할아버지 뒤를 이어 해병대에 지원하여 가겠다고 했을 때 나는 한마디로 '안 된다.'라고 하였다. 엄마 몰래 체력훈련을 통해 3:1이라는 관문을 뚫고 해병대에 지원해 간 아들도 예사롭지만은 않다. 새삼 고맙고 자랑스럽다. 세상에 꽃보다 더 아름답고 고귀한 것이 인연이라는 것도 알게 되었다.

(2014)

마지막 도리 · 2

 오늘 저녁에 남동생 둘 하고 하나밖에 없는 조카와 함께 고향을 찾았다. 이제는 가슴 설레게 반겨줄 사람도 없다. 쓸쓸함과 고요함 속에 반기는 것은 바람뿐이다. 밤이라 더욱 고요하다. 내 키보다 작은 소나무들이 장성하여 하늘을 치솟고 있다. 같은 해 20명이나 태어날 정도로 시끌벅적했던 큰 동네가 이렇게 삭막하게 변해 버렸다.
 부모님 산소에서 제사를 지내기 위해 세상에서 제일 무거운 마음으로 산소를 찾았다. 산소를 둘러보니, 밤새 피를 토하며 운다는 두견새가 될 것 같다. 음력 칠월칠석 부모님을 만나기 위해 고향산천 공동묘지 앞에 서 있다. 주위 산소들 모두 일가친척들이다 보니 마음이 더욱 무겁다.
 산소를 이장하기 가장 좋은 윤해라고 한다. 산소에 손을 대도 아무 탈이 나지 않는다고 한다. 삶의 지식이 부족한 나는 그 말씀을 참고하며 받아들이기로 하였다. 부모님 산소를 이장하기 위해 동생들과 의논도 하였다. 담담한 마음으로 추진하여 이곳에 다시 서니 부모님의 소중함이 새삼 느껴진다. 부모님의 생전 모습이 눈에 밟히자 가슴이 시려온다.

 아무리 잘 만든 부모님 산소라지만 세월이 흘러 비바람에 깎여 떠풀이 무성하고 잡나무들이 접근하여 초라해졌다. 자식 모두가 타향을 고향처럼 살다보니 자주 찾아뵙는다는 것은 어려운 일이 되고 말았다. 하나밖에 없는 조카가 할아버지, 할머니 산소를 돌본다는 것은 더더욱 불가능한 일이다. 그 모든 것을 생각을 거듭하고 결론을 내리기까지 생각도 많았고 마음고생 또한 많았다.

 집착을 훌훌 벗어 던져버리고 자유롭게 살고 싶은 마음도 없지는 않았다. 그러나 부모님은 맏딸에 대한 기대가 크셨다. 자질구레한 모든 일은 나와 의논하였다. 또 그렇게 가르쳤다. 결혼 후에도 마찬가지였다. 이렇게 버거운 일도 맏딸이 해결 할 것이라고 믿었던 것인가?

 하루를 잡고 벌초하기 힘든 거리에 부모님을 모셔 두었으니 1년에 한 번 찾아뵙기가 힘들게 되어버렸다. 깜깜한 공동묘지 부모님 산소 앞에 엎드려 제를 올린다. 부모님을 만날 수 없는 안타까움은 컸지만 남동생 둘이 도와주고 나를 따르는 것에 마음이 그렇게 든든할 수가 없다. 새삼 남매의 정이 돈독해지고 삶에 새로운 향기를 맡게 되었다.

　부모님과의 끄나풀은 끊어졌지만 동기간의 연의 꼬리는 끈끈하다. 인생을 살아갈 힘도 생긴다. 피를 나눈 동기란 이런 것인가 보다. 남매간의 갈등이 없는 것이 아니지만 그래도 긍정적인 생각을 함께 나누며 살아간다는 것이 얼마나 행복한 일인가. 우리 남매들은 자랄 때 싸우지 않고 자랐다. 싸움을 모르고 자랐기에 동기들은 싸우지 않는 걸로 알았던 것이다.

　이제는 각자의 삶이 있고 가족이 있기 때문에 큰 것을 바라고 살지는 않는다. 그렇지만 부모님 일에 적극적이고 누나의 결정에 동의하며 나서서 도와주는 동생들이 마냥 고맙고 자랑스럽다.

　나 역시도 동생들과 함께 한다는 것에 환희심이 저절로 일어났다. 소원이 있다면 착한 동생들 건강을 누리기를 빌어본다. 그리고 또 부모님 산소를 이장한 후로도 아무 탈 없이 동생들 사업이 잘 되기를 마음속으로 기도도 했다.

　가만히 부모님 산소 앞에서 생각에 잠겨 본다. 부모님 시신을 이곳에 묻고 집으로 돌아와 유물을 정리하다가 빈자리가 그렇게 크게 느껴보기는 처음이었다. 부모님이 가고 없는 빈 집과 그 자리가 그렇게 가슴 아플 줄 몰랐다. 부모님 살아계실 때는 마냥 함께할 줄 알았다. 이 세상을 빈 상자로 만들어 놓고 떠나갈 줄 몰랐다.

　제일 큰 어려움은 삶의 고충을 의논할 대상이 없음이 서글펐다. 진실하게 상담해 주고 고충을 들어줄 대상이 없다는 것은 크나큰 외로움이었다. 집안 대소사 큰 결정을 혼자 스스로 판단하며 살아간다는 것 때문에 한동안 힘들었다. 두 분 중에 한 분이라고 계셨더라면 산소 이장문제 해결은 훨씬 수월했으리라. 이제야 소중한 부모님의 자리를 깨닫게 된다. 정신적으로 부모님을 의지하고 살아가는 것이 얼마나 행복한 삶이었는지를 느끼고 있다.

　제사를 모시는 것은 내 종교보다 토속적인 신앙을 수용하기로 하였다. 그것을 믿고 살다 가신 부모님께 최대한 예의를 갖추고 싶어서였다. 서두르지 않고 하나하나 절차를 밟아 영혼이나마 아주 편안하게 모셔드리자고 마음먹었던 것이다. 막상 그렇게 실천하자니 경비가 따르고 정신적인 고통이 엄습해 왔다. 남녀평등이라고 하지만 딸자식이 추진하는 것에는 눈치가 따르게 되어있다. 국립묘지로 모시기로 마음먹고 행동으로 옮기자니 어려움이 생기기 시작하였다. 그러나 큰일을 하자면 결코 쉬운 일은 없을 것이라고 마음을 다져 먹었다.

　부모님과 함께한 세월을 되돌아보며 제사를 지내는데 거센 바람과 비가 쏟아졌다. 좋은 날을 받느라고 했는데 비가 내린다. 동네 집안 어른들께 대접하겠다고 넉넉하게 장만한 음식들이 비바람을 맞게 되었다. 주어진 현실을 받아들이자 마음먹었다. 이런 악조건이 발생하는데 걱정이 생기지 않는 것은 믿음직한 동생들이 있기 때문이다.

고향산천에서 마지막 제사를 정성스럽게 모셨다. 부모님이 살아계실 때 자식들 기르고 공부시키기 위해서는 이보다 더 큰 고통을 겪으며 살다 가셨다. 비가 온다고 바람이 분다고 대충 모시고 싶지 않았다. 희한하게도 부모님이 보호하는 것처럼 비도 따뜻하게 느껴지고 바람도 따뜻하게 느껴지는 것이 아닌가. 고향산천에서 마지막 제사를 푸짐하게 그리고 정성스럽게 올렸다.

잊을 수 없는 부모님, 잊지 못할 내 부모님, 자식들이 성공하여 잘 사는 것도 보지 못하고 세상을 떠났음에 감정이 복받치며 눈물이 빗물을 타고 흘러내렸다. 아무리 지우려 해도 지워지지 않는 부모님 은혜와 추억이 거센 바람을 타고 나뭇가지에 앉아 뒤흔든다.

'아버지, 어머니, 감사했습니다. 내 자식들 키우며 살기 힘들다고 자주 돌봐 드리지 못해 죄송했습니다. 그리고 아버지 어머니! 국립묘지에 모실 테니 이승에서 못 받은 대접, 저승에서 영원히 대접받으며 영면에 드소서.'

'아들사업 잘 되게 도와주시고 하나밖에 없는 손자 잘 보살펴 주시고 손자, 손녀들 좋은 인연 배필 만나게도 해 주십시오.'

마음 깊은 곳에 있는 모든 소원을 모두 꺼내어 간절한 기도로 마무리 하였다. 우리 남매도 마찬가지가 되었다. 고향산천을 다시 밟는다는 것은 어려우리라. 그런 저런 생각으로 넋을 놓다시피 제를 지내다보니 모두 비를 흠뻑 맞게 되었다.

평생을 고향땅에서 농사만 짓고 살다가 저 세상으로 가셨다. 자식들이 사는 가까운 국립묘지로 모시는 행운을 얻어 얼마나 좋은 일인가. 그 자격을 갖추기 위해 헌신하신 아버지의 피눈물 나는 노고가 역사에 길이 남게 되었다. 한편 고향을 떠난다는 것은 서운할지 모르지만 미래를 위해서는 잘한 일이리라. 자자손손 자부심을 갖고 살아가리라 믿고 싶다.

언젠가는 나도 이 세상에 없을 것이다. 앞장서서 추진하는 자는 고민을 많이 하고, 생각도 많이 하고, 기도도 많이 하게 된다. 맏이로서 부모님을 위한 마지막 도리를 동생들과 함께 행복의 씨앗을 뿌렸다고 생각한다. 내 감성을 감당키 어려운 일에 동생들과 함께하여 마음속에서는 잔잔한 기쁨이 흘러나오고 있다.

(2014)

마지막 도리 · 3

 한 인생을 살다가 이렇게 감격적인 꿈을 꾸기는 처음이다.
 '자야, 나 간다. 자야, 나 간다.' 깜짝 놀라 잠을 깨고 말았다. 창밖을 쳐다보니 깜깜하다. 불을 켜고 시계를 보니 새벽 3시다. 기이한 꿈을 꾸었다. 사람들이 많이 북적거리는 곳에 내가 있었다. 무슨 방 같은 곳에 앉아 있는데 밖에서 내 이름을 불렀다. 대답을 하지 않자 방문을 활짝 열어젖히며 이름을 불렀다.
 분명 아버지라는 생각이 들었다. 까만 양복을 단정하게 차려입은 남자였다. 얼굴은 희미한 그림자 같아 알아볼 수가 없었다. 영혼이 있다는 것인가? 생전에 있을 때나 저승에 가셨을 때나 좀처럼 딸의 꿈에 나타나지 않으셨던 분이 아닌가. 아니면 부모님 산소 이전관계로 고통을 겪었던 나에게 희망의 메시지를 전해준 것인가.

  2014년 갑오년 윤해는 산소 이장하기 제일 좋은 해라고 한다. 이렇게 운 좋은 해에 부모님을 이장하게 되어 마음이 더욱 가볍다. 오늘 11월 12일 친정 부모님을 국립묘지에 모시는 날이다. 오늘이 있기까지 시간과 싸우며 가슴을 찌르는 아픔과 고통을 감내해야만 하는 일도 겪고 말았다. 내 정신을 화들짝 깨워나게 하는 꿈을 꾸고 용기와 희망을 얻어 본다.

  군 복지계에 개장신고서를 내야했고 아버지는 다시 수습하여 화장을 해서 화장신고서까지 받아야 했다. 그리고 2008년 1월 3일 세상을 떠나신 어머니도 화장신고서까지 만들어야했다. 모든 절차를 골치 아프게 밟아 드디어 오늘 안장하는 날이다. 생각했던 것보다 빠르게 진행되었던 것에 안도감을 느끼며 오늘을 기다려왔다. 너무나 머리 아픈 산소 문제를 어떻게 해야 할지 몰라 고민할 때 전문적인 공부를 한 고향 친구를 만나게 되었다. 그 친구가 하나부터 열까지 부모님 산소 일을 도와주었다. 그 친구 덕분에 원만하게 모두 해결되었다. 그 친구에게 고맙다는 말을 빠뜨리지 않으련다.

  정수리를 압박하는 꿈 때문에 아침을 먹는 둥 마는 둥 하고 서둘러 동생들과 함께 길을 떠났다. 아버지의 유일한 혈육이신 막내 삼촌께서 올라와 계셨다. 국립묘지에 들어서자 사람들이 많이 북적거렸다. 부모님 유골은 고향친구가 시간 맞춰 모시고 왔다. 먼저 행정적인 절차를 밟아야 했다. 준비해간 서류와 함께 문서를 작성하여 제출했다.

아무리 꼼꼼하게 챙기며 물어봐도 빠진 것이 꼭 있게 마련이다. 부족한 서류를 만들기 위해 인근 동사무소를 물어물어 찾아가기도 했다. 한 줌의 흙과 글들을 모아 제 자리를 찾아 모신다는 것이 너무 어려웠지만 우리 가족들에게는 더할 나위 없는 복을 받을 것이라는 생각이 든다.

눈발이 흩날리며 날씨가 추워졌다. 진혼곡이 울려 퍼지며 공식적인 행사가 진행되었다. 국가와 민족을 위해 희생하신 선열들은 하얀 보자기에 싸여 무궁화 꽃으로 피어났다. 그곳에 나의 아버지 성함과 계급도 함께 모셔져 있다. 내 몸은 환희와 함께 깊은 전율이 돌고 돌았다. 아버지 명예를 찾기 위해 16년이란 세월이 흘렸다. 알 수 없는 묘한 감정이 나를 휘감는다. 가슴 두근거리며 추진해온 6개월이라는 세월도 진혼곡 속으로 빠져들었다.

추억이 많으면 행복하다고 했던가. 맏딸로 자라면서 알게 모르게 듣고 보고 배운 것이 많았다. 친구들은 나보고 애어른이었다고 놀리기도 한다. 그만큼 부모님과 추억을 많이 만들었기 때문이다. 또 그 세월 속에 내 마음 바닥에도 아픈 골은 없지는 않다.

두 분을 새롭게 나란히 모셔놓고 나니 감격에 빠진다. 이제야 나는 부모님께 마지막 도리를 다한 것 같다. 마음이 너무 가볍다. 이제야 부모님 산소 걱정 안하고 마음 편히 살 것 같다. 아버지의 명예를 찾아 드리지 못해 속을 많이도 태웠다. 애간장을 녹인 일과 마음속 깊은 곳에 남아있던 회한도 이곳 산자락에 내려놓고 간다.

다만 아버지께서 많이도 들려주신 전쟁이야기만은 내 가슴속에 영원히 남아 있을 것 같다. 간 밤 꿈속에서 '자야, 나 간다.'고 이야기 한 것처럼 나 또한 마지막 도리를 다하고 인사를 드린다.

'편히 쉬세요. 저희들 갑니다.' (2014)

보따리

 자식을 만나러 가게 된다. 머리는 벌써 이것 챙겨라, 저것 챙기라는 생각의 마우스가 왔다 갔다 한다. 자식을 만난다는 기쁨에 마음은 즐겁다는 듯이 신진대사가 원활하게 움직인다. 냉장고 안을 탐색하여 좋은 것만 골라 꺼내 비닐 랩으로 누에고치처럼 칭칭 감기 시작한다. 어미가 자식에게 먹이는 것 챙기는 것은 왜 이리도 즐겁고 힘이 들지 않는지 모르겠다.
 보따리를 싸서 25년 동안 나르고 있다. 처음에는 자동차로 나르다가 이제는 비행기로 나른다. 처음 비행기로 나르기 시작한 것은 작은딸애가 중국 칭다오에 교환학생으로 공부할 때부터다. 그곳에서 잠깐 머물 때 많이도 싸서 날았다. 하나라도 더 챙겨가다가 공항에서 난리법석도 떨었다.
 짐이 초과되어 기내에 들고 갈 것을 골라 담기 위해 시간에 쫓기느라 부끄러움도 없었다. 다행히 혹시나 하고 준비해간 보자기 덕분에 하나도 버리지 않고 무사히 딸에게 전달할 수 있었다.

언젠가는 이것저것 너무 많이 챙겨가다가 중국 검색대에 걸렸다. 별도로 따라 오라고 하였다. 짐을 모두 풀어보라고 했다. 자식먹일 생각에 두려움도 부끄럼도 없이 모두 풀어 놓고 한국말로 '이것 모두 김치'라고 공안에게 설명했었다. 돌이켜 보면 그 세월이 즐거웠던 것 같다.

이제는 그 비지땀과 경험 때문에 보따리 싸는 선수가 다되었다. 보따리를 마중하는 새로운 자식도 생겼다. 모두 외국사위이다. 한국음식을 너무 좋아한다. 너무 맛있다며 먹는 모습을 보면 정감이 간다.

아마 전생에 한국에서 살았나 싶을 정도다. 김치, 된장, 고추장, 장아찌 등을 한국사람보다 더 잘 먹는다. 사위사랑은 장모라는 말이 빈말이 아닌 것 같다. 또 "엄마 열무김치 먹고 싶어요."라며 담가 주라고도 한다. 다른 김치를 먹을 때는 뭔가 빠진 것 같다고도 한단다. 한국 엄마 김치 맛이 제일이란다.

이제는 보따리 무게도 중요하고 내용물도 중요하게 되었다. 그러다 보니 아쉬움이 많다. 한 사람당 23kg 가방 2개만 허용된다. 항상 무게초과에 비상이 걸린다. 비싼 짐 값 내더라도 하나를 더 보태 3개를 싸면 마음이 가벼워진다.

힘에 겨워 낑낑거리며 들 수 없을 정도로 나르던 나의 보따리는 즐거웠다. 그러나 딸들이 시집가면서 싸는 보따리는 쳐다 보면 왜 그렇게 가슴이 아리고 눈물이 쏟아지는지 모르겠다.

아무래도 인생을 먼저 살아본 엄마이기에 다가오는 미래에 펼쳐지는 고난을 알기에 걱정도 된다. 결혼은 순풍의 돛단배처럼 편안하게 갈 수는 없는 것이다.

새로운 인생출발이란 누구를 막론하고 겪어야 될 과정이 있기 때문이다. 공동체 의무감과 끈기와 인내와 봉사하는 마음가짐이 중요하다. 특히 타국이기에 불안하고 초조한 마음이 든다. 어렵고 힘들 때 친정나들이를 마음대로 할 수 없기 때문에 더욱 그렇다. 그것보다 더 쓰라린 것은 내 품에서 영원히 떠나보낸 것이 더욱 가슴 아팠다.

얼마 전, 정이 많은 고종사촌 남동생한테서 전화가 걸려왔다. "누님! 마음이 허전합니다. 아들을 장가보내 새 가정을 만들어 보따리 싸서 보내고 나니, 가슴이 뻥 뚫린 것 같습니다. 가슴이 시리기도 합니다." 하였다. 또 아들이 생활하던 방을 볼 때마다 더욱 그렇단다. 텅 빈 방을 볼 때마다 마음정리가 안된다고 하였다.

부모들의 마음은 모두 그렇다고만 했다. 세월이 가야 하기에 어떠한 처방을 내릴 수 없는 것이다. 한 집에서 북적이며 살 때는 모른다. 그리고 떠나가는 자식들은 부모의 깊은 마음을 알 리 없다. 나 역시 그렇게 떠나오면서 부모님 마음을 헤아리지 못하였다.

  나이가 들수록 점점 자식에 대한 그리움은 커질 것이다. 그 깊은 사랑은 아리랑이 되어 내 가슴속에서 흐르리라. 내가 살아있는 동안에는….

    딸들은 나이가 들자
    하나 둘
    그동안 쌓아둔 세월들을
    방바닥에 와르르 쏟아 붓고
    이민용 가방에 차곡차곡 담는다
    가만히 내려다보는 나는
    천 갈래 만 갈래 찢어질 듯 아프고
    아름답게 곱게 자라준 뜨거운 시간들이
    된서리 맞은 억새풀처럼 힘없이
    손 흔들며 안녕을 고한다.

    사람은 때가 되면 보따리를 꼭 싸야 하나보다
    나도 말없이 보따리 싸서 이곳에 삶의 뿌리를 내리듯
    내 딸들은 한 수 더 떠서 비행기를 탄다
    텅 빈 허공이 내 방바닥에 떨어져 떼굴떼굴
    굴러다니고 자식들과 함께한 세월이
    먹구름 되더니
    내 눈에서 한없이 흘러내린다.

사실이 아니기를 바라는 듯
장롱 문을 열어보고 또 열어보고
내 손과 마음은 정전되듯
장작개비처럼 뻣뻣해지고
떠나버리고 난 자리에는
꺼져버린 신호등마냥
차갑게 식은 내 사랑만 가득 남아있다.

불가항력

　요즈음 보기 드문 천둥 번개가 친다. 심상치 않은 예시듯 굵은 소나기가 땅과 지붕을 북 치듯 소리를 내며 내린다. 그러던 순간 집안이 대낮처럼 환하게 밝아지더니 쿵쿵 꽝꽝 딱, 코앞에서 낙뢰가 친다. 간이 콩알만큼 작아진다 고추만상을 겪으며 늙어가고 있지만 천재지변은 참으로 무섭다.
　2016년 9월 2일 새벽 1시. 대단한 천둥벼락에 깜짝 놀랐지만 가만히 있을 수 없었다. 농장 동향을 살피기 위해 컴퓨터실로 뛰어갔다. 4개동에 8만 마리의 닭들이 전기의 힘으로 자라고 있다. 온도, 습도, 환기 등은 자동으로 켜졌다가 꺼지곤 한다. 벼락에 나약한 기계를 살펴보고 안도의 숨을 쉬는 순간 정전이 되어버린다. 비상대책으로 마련한 자가발전기가 오늘따라 굉음에 가까운 소리를 내며 돌아간다. 불안한 마음에 심장이

팔딱팔딱 뛰기 시작한다. 남편은 한전에 정전 신고를 하였다. 10분 후 자가 발전기마저 꺼져버린다.

　기술에 재능이 있는 남편은 발전기를 가동시켜 보려고 경유 한 말과 함께 자동차를 끌고 발전기실로 갔다. 또 다시 한전으로 전화를 걸었다. 전기 복구팀께 다시 한 번 재촉 전화를 부탁드린다며 애원하였다. 긴박한 사항을 한전에서도 알고 있었다. 한전에서 전화가 걸려 왔다. 오산에서 출발하니 시간이 걸린다고 한다. 오산이라 아무리 빨리 온다하여도 40분에서 1시간이다. 어찌할꼬. 인내와의 싸움이었다.

　남편에게 달려갔다. 웬만한 것은 고치고 보수하며 살아왔던 양반이다. 죽을힘을 다해 발전기를 돌려 보려고 애를 쓰는 모습이 눈에 들어온다. 발전기는 돌다가 멈추기를 반복한다. 도저히 돌아갈 기미가 보이지 않는다. 남편에게 빨리 농장 앞문을 열어 공기를 넣어 주자고 재촉했다. 최후 선택인 것을 남편은 나보고 가서 열라고 한다.

　앞문 높이가 4미터이고 너비도 4미터이다. 테두리는 철과 두꺼운 판넬로 만들어져 있다. 그 문을 나보고 가서 열라고 한다. 또 시키는구나. '나는 못해요. 당신이 가서 열어봐요'라는 소리가 목구멍까지 올라왔지만 참으며 뛰어갔다.

　큰문이라 손쉽게 열리지 않는다. 남편에게 뛰어갈까 하다가 아니야, 혹시 발전기를 가동시킬지 모른다. 1분 1초가 다급한 사항이 아닌가. 안간힘을 쓰며 문을 열어보려고 했다. 몸으로 밀어붙이자 꽉 닫혀있는 문짝에 몸이 튀어 나오고 만다.

압력 때문에 더더욱 열리지 않는 문을 발로 차고 손으로 내리치며 몸으로 밀어붙이기를 반복하였다. 수차례 실랑이를 벌이다가 손으로 문고리를 확 잡아 올리자 거대한 문짝이 말을 들었다. 문을 열어젖히자 2만 마리의 뜨거운 열기가 나오며 확, 내 몸을 덮친다. '큰일 났다'라는 생각에 온몸이 굳어져 오는데, 오! 세상에~ 갑자기 돌풍이 불어 뜨거운 열기를 안고 쏜살같이 농장 안으로 들어간다. 나도 모르게 '감사합니다. 감사합니다.' 소리치며 뛰어가서 나머지 3개 동, 집채 같은 문짝을 순식간에 모두 열었다.

닭들은 모두 숨을 죽이듯 고요하게 엎드려 있다. 바람아 계속 불어다오. 암흑 속에 의지할 수 있는 것이 오직 바람일 줄이야. 생애 처음 비빌 언덕이 나타났다. 그제야 잠옷으로 뛰쳐나온 내 살갗이 춥다고 반응을 했다. 바짝바짝 타는 목구멍으로 터져 나오는 숨조차도 크게 쉬지 못했다. 힘이 부칠 때 이를 악물고 위기를 극복하였다. 남편은 발전기 가동을 포기하고 뛰어와서 자동 환기를 맡고 있는 에어인넷 시스템을 수동으로 돌렸다.

현대화 시설 농장에서 치명타를 입는 것은 정전이다. 정전이 되면 20분을 못 버티고 죽어간다는 무성한 소리와 실화들이 귀에서 쟁쟁거린다. 아니야, 절대 나쁜 일은 일어나지 않을 것이다. 파란불만 생각하며 정신줄을 놓지 않고 위기 극복할 지혜만 생각했다.

3~40분이 지났을까, 한전 복구반이 도착하였다. 변압기에 벼락을 맞아 퓨즈 하나가 떨어져 있었다. 복구시간은 채 5분 정도도 안 되는 소요시간이었다. 냉각된 마음과 콩알만 해졌던 간도 전깃불에 서서히 풀리듯 되살아나는 것 같았다.

농장 안 동태를 살피기 위해 살금살금 들어가는데 다리가 휘청거린다. 닭들이 '꼬꼬고~' 하며 일어났다. 온 심신에서 일어나는 기쁨이 몰려왔다. 고맙다는 말이 저절로 나온다. 농장 길이가 84미터이고 완벽한 무창계사로 만들어 놓았기 때문에 뜨거운 열기는 대형휀이 있는 뒤쪽으로 몰리게 되어있다. 찬 공기를 직접 맞는 앞쪽은 모두 일어났는데 뒤쪽이 불안하였다. 초조한 마음으로 들어가는데 모두 모두 일어난다. 100% 무사했다는 기적을 내 눈으로 확인하는 순간 눈물이 나오며 가슴이 먹먹해져 왔다.

다음날 아침. 언제 그런 일이 일어났느냐는 듯이 맑고 쾌청한 날씨였다. 최고로 무더웠던 날씨는 흔적조차 남기지 않고 떠나갔다. 그런데 문짝 손잡이마다 피투성이가 되어 있었다. 깜짝 놀랐다. 밤새 무슨 일이 있었나? 꿈을 꾸고 난 것처럼 남편에게 물어 봤다. 당신 손을 다쳤냐고. 남편은 "내가 너에게 묻고 싶은 말이다."라고 한다. 농장 문짝이 열리지 않아 손으로 내리칠 때 아팠다는 생각이 났다. 위급한 사항에 초능력의 힘이 나온다는 말을 생각하면서 오른손 손바닥을 쳐다보니 상처가 깊게 나있다. 생명이 무사하다는 것과 미묘한 돌풍의 감사함에 빠져 내 몸을 돌볼 생각도 나지 않았다.

 36년간 농장을 경영하면서 물난리와 태풍에 농장이 붕 뜨더니 폭삭 내려앉는 것도 보았다. 또 전기누전으로 화재를 만나기도 하였다. 그때마다 생물의 피해는 없었다. 재산상에 크지 않은 피해만 입었던 것이다. 그런데 오늘처럼 이런 미묘한 일은 처음이며 잊을 수 없는 일이다. 대 자연은 너무너무 놀라게 하기도 하고, 가슴 벅찬 선물을 주고 달아나기도 한다.

 만약에 불상사를 겪었다면 겉에만 분칠할 수 있는 보험처리를 받게 되다. 막대한 금전적인 손실은 재기불능의 위험에 처할 수도 있다. 나이가 서쪽으로 기울어 있기 때문이다. 그러기에 순식간에 불어준 돌풍을 내 어찌 잊을까 싶다. 말로 표현할 수 없는 큰 선물을 이렇게 글을 쓰고 있다.

 세월이 흘러도 쉽게 아물지 않는 상처들도 많다. 양계산업에 종사하면서 살아온 역경들을 퍼즐로 만들어 맞추라면 백두산은 만들지 않을까 싶다. 그동안 마음에 고여 썩고 있는 물들을 오늘 새벽에 모두 퍼내지 않았나 싶다.

 조용히 눈을 감고 감사의 기도를 드린다. 불가항력을 극복할 수 있었던 것은 저승에 계신 부모님께서 도와주지 않았나 싶다. 그리고 모든 것을 수용하고 베풀며 살아가라고 가르쳐 주며 나의 버팀목이 되어 주시는 부처님, 이웃사촌의 사랑, 힘들 때마다 지혜의 등불을 밝혀 주시는 보현선원 큰스님께도 합장인사를 드린다. 큰일을 겪고 나니 알게 모르게 인연을 맺어 정신적으로나 마음으로 위로해 주며 용기를 주는 분들이 많다 싶다.

이 순간만큼은 나를 아는 모든 분들께 감사함을 전한다. 소름끼치는 8만 마리의 생명과 벼랑 끝에 선 우리 부부에게 희망을 주고 사라진 돌풍을 생각하면 알지 못할 큰 무게 덩어리가 들어왔다가 나간다.

살아온 날보다 살아갈 날이 강아지 꼬리만큼 짧지만 남은 생을 어떻게 살아가야 하는지 깊은 생각에 잠긴다.

(2016)

사위가 대접받던 시절

 60년대의 옛 거울을 비춰본다. 그 세월 한 자락을 들여다보면 장모의 성은을 입고 의기양양한 김 서방 모습이 떠오른다.
 술이 곤드레만드레 되어 장모님 요에 세계에도 없는 지도를 그려놓고도 몹시 당황한 기색기녕 당당한 모습이 회상된다. 며느리한테는 그물을 쳐놓고 걸리기만 하면 욕설과 상처 주는 말을 하였지만 사위한테는 각별하였다. 나는 있을 수 없는 실수였다 생각하는데 장모는 옆에서 사위 자존심을 세운다. '술 좋아하는 사람이 그런 실수는 예사라'며 일언반구로 막았다.
 보통사람 같으면 너무나 부끄러워서 한 3년은 처갓집에 발걸음도 하지 않았을 것이다. 그러나 늠름하게 나타났다. 사위 사랑은 장모라고 했던가. 술독에 빠져 속이 아린 사위를 위해 손수 시장까지 봐 와서 해장국까지 끓여 대접했으니, 사위는 얼마나 달콤한 행복의 맛을 보았을까.

　아무리 생각해도 지난 추억은 아름답기만 하다. 그 추억 한 장을 꺼내보면 나의 고숙도 만만치 않았다. 특히 설날만 되면 사위 대접을 하기 위해 큰집이건 작은집이건 별도로 음식을 만들어 보관하며 기다렸다.

　정월 초하루가 지나면 하얀 도포자락을 휘날리며 처갓집에 나타났다. 고숙들은 개선장군처럼 위세 등등하게 들어오셨다. 정성껏 만들어 놓은 음식보다 닭 잡아먹는 풍습이 관례인 양 닭장으로 다가갔다. 닭장 문을 열고 마음대로 잡아먹어도 어느 누구도 야단치는 사람이 없었다.

　우리 집은 작은집인데도 예외는 아니었다. 작은고숙은 술도 잘 드실 뿐 아니라 넉살이 유난했다. 닭 잡을 때는 아무도 옆에 오지 못하게 하였다. 헛간에서 잡은 닭을 혼자 날것으로 소금에 찍어 드시고, 앙상한 뼈만 들고 나오는 바람에 집안 온통 화제의 도가니에 빠졌다.

　우리나라는 삼국시대 이전부터 닭고기를 즐겨 먹었다니 그 역사가 참 오래됐다. 예부터 닭고기는 손님 접대할 때 적절하게 해온 음식이다. 장모가 사위에게 씨암탉을 대접하는 풍습이 아마도 그만큼 닭고기가 몸에 좋았기 때문이다. 또 손쉽게 해 먹을 수 있는 훌륭한 음식으로 각광 받아 왔나 싶다.

　닭고기를 날로 드셔도 괜찮았던 것은 아마도 고단백 식품이며 백색고기라는 것과 놓아기른 닭이었기 때문에 가능했던 것 같다.

닭고기는 불포화 지방산이 많으며 저지방, 저칼로리 다이어트 식품으로 부담 없이 먹는 식품이라는 것을 알 수 있다. 닭날개를 먹으면 바람이 난다고 해서 닭고기 먹을 때는 아이들에게 먹이지 않았는데 알고 보니 그것이 아니었다. 닭날개에는 콜라겐 성분이 많아 노화방지와 강장효과가 있다고 하니 공연히 생긴 말이 아닌가 보다.

왕성한 식욕으로 그 시대에 살았던 사위들은 설날만은 배가 불러도 많이 불렀을 것이다. 처남 집이 많은 사위들은 설날에는 살맛나는 세상이었을 것이다.

정월 보름까지 음식을 보관하며 사위들이 다녀가기를 기다리는 옛 사람들을 보면 인간답게 사셨다는 것을 새삼 느낀다. 아무리 힘들고 어려워도 사람을 챙기며 나누어 먹던 미덕은 나에게는 큰 교훈이 되어 강물처럼 흐르고 있다.

온 가족이 함께하는 것만으로 행복하고 그것이 가슴 따뜻해지는 진정한 설날의 묘미였다. 객지에 살면서 부모 형제를 만나기 위해 저축을 해서 고향을 찾았다. 예나 지금이나 차가 밀려도 인내하며 부모형제를 만나는 기쁨이야말로 최고의 행복인 것이다.

요즈음은 오히려 사위들이 장인, 장모와 함께 사는 시대가 되었다. 자녀들을 적게 두다 보니까 세상이 변하고 말았다. 풍족한 삶을 누리다 보니 음식 또한 귀하게 여기지 않게 된 것도 사실이다. 오늘날은 흔하게 먹을 수 있는 닭고기이지만 옛날에는 참으로 귀한 대접으로 이름을 날렸다. 사위를 백년손님으로 받들어 모시고 나타만 나면 어김없이 암탉을 잡아 대령했으니까.

그때 그 시절의 추억은 잊히지 않고 내 기억 속에 꽃 피우고 있다. 이제는 너나없이 '예'도 사라지고 사위를 대접하는 풍습도 사라지고 말았다. 앞으로 사위도 없는 가정이 많을 것이다. 다행히 나에게 딸이 둘이나 있다, 훗날 장모가 되면 한 편의 수필이 웃음의 미학이 될지도 모른다.

(2005. 5)

3.
아름다운 동행

서생원의 사랑놀이

 날이 추워지자 주인의 허락도 없이 침입하는 놈들이 있다. 해만 지면 집안 천장에서 스릴 있게 뛰어 다니는 소리 때문에 신경이 곤두선다. 내 집도 이제 낡아 서생원의 안방으로 전락하게 되었다는 것을 느낀다.
 20년 전 남편이 손수 설계하고 자재까지 사다가 최고로 지은 집이다. 집을 지을 때 나의 의견은 반영되지 않았다. 서까래도 세월을 비껴갈 수 없는지 벌어지기 시작하고 그 틈으로 쥐들이 들락거리는 것 같다.
 며칠 전 냉장고가 고장이 나서 수리 신청을 했다. 기술자 아저씨가 냉장고 수리를 다한 뒤 계산을 하려고 볼펜을 드는 순간 천장에서 '쿠당탕' 하는 소리와 미끄럼 타는 소리까지 나자 깜짝 놀라 눈이 휘둥그레지면서 나를 쳐다본다. 그는 뒤늦게야

사태를 파악하고 안도의 소리로 "아니, 쥐들이…." 하고 말꼬리를 흐렸다. 나는 민망스러웠지만 아무렇지 않다는 듯 "우리는 쥐들하고 함께 살아요."라고 말했다. 대낮부터 사랑놀이를 시작하다니 괘씸한 생각이 들었다.

　외출했다 돌아온 남편에게 신경질을 마구 부렸다. 제발 쥐 좀 잡고 삽시다. 시끄러워서 잠도 잘 수 없거니와 누가 오면 창피해서 못 살겠다고 했다. 남편도 쥐약을 놓았는데 안 먹는 것을 나보고 어떻게 하라는 말투였다.

　초저녁부터 아늑한 내 집 천장은 사랑놀이가 시작되었다. 달음박질치며 머리 위에서 '찌익~찍' 듣기 싫은 소리를 들어야했다. 남편은 짝짓기 하는 소리라고 한다.

　살다가 별 희한한 소리를 듣게 되었다. 종족 번식을 위한 것이라면 아주 조용한 곳에서 은밀하게 할 것이지, 왜 하필이면 내 머리 위에서 하는가 말이다. 파리채를 들고 천장을 마구 두들겼다. 이 정도면 놀라 밖으로 도망갔겠지? 하고 한숨을 돌리려고 앉았다. 그러자 몇 초도 안 지나 이제는 '타~타~타… 짜르르' 모래 뿌리는 소리를 내다가 '찌익 찍~~익~' 하다가 천장 모퉁이에서 '쿠궁 콰다당' 소리를 내고 있다.

　사랑놀이에 눈 먼 것들이 사람한테 약을 올리듯 교묘한 행동을 하는 것 같아 약이 바싹 오를 대로 오른 나는 이번에는 방 빗자루를 들었다. 빗자루를 거꾸로 들고 천장이 구멍이 날 정도로 있는 힘을 다해 마구 두들겼다. 아무리 약을 올려 흥분하여도 운동신경이 발달하여 워낙 쏜살같이 빠른 놈들이라는 것을 알면서 무식한 행동을 하고 말았다.

다음날 연구원에서 실험용 쥐가 필요하다며 잡아 달라고 가져다 놓은 쥐틀을 놓아 보았다. 쥐틀을 보는 순간 너무 앙증스럽다는 생각이 든다. 오히려 쥐들이 지나가면서 '찍찍 아주 예쁘게 잘 만들었구나.' 하고 지나갈 것 같았다. 아니나 다를까, 다음다음 날도 쥐틀은 장식용으로 자리 잡고 있을 뿐이었다. 가끔 들 고양이들도 눈에 띄는데 쥐들은 안 잡아먹고 오히려 이웃사촌으로 사는 것만 같다. 고양이도 옛날에 못 먹고 살 때 이야기인 것 같다는 별별 생각을 하게 되었다.

나는 쥐들을 어떻게 잡을 것인지 연구를 거듭하게 되었다. 한 번 일에 몰두하면 꼭 끝장을 봐야 직성이 풀리는 성격이 발동한 것이다. 그러던 어느 날 아! 그렇지 그걸로 한 번 실험해보자라는 생각이 들었다. 꿀벌을 키우면서 천적 말벌을 잡기 위해 사다놓은 끈끈이를 쥐잡기 실습용으로 써보기로 했다.

그날부터 쥐가 드나드는 길목을 유심히 관찰해 보다가 아주 쉽게 찾아내고 말았다. 전깃줄을 타고 들어와 신발장 위로 올라가 수맥에 틈이 생긴 처마 밑으로 드나든다는 것을 알아냈다.

끈끈이를 다니는 길목에 펼쳐 놓고 벽돌로 꼭 눌러 놓고 기다렸다. 이번에 실패하면 틈이 생긴 서까래를 막든지 무슨 수를 꼭 내야지라고 단단한 각오를 했다.
 날이 어두워지자 아주 쉬운 일이 벌어졌다. 밖에서 '찍찍' 다급한 소리가 들렸다. 남편과 나는 용수철 튀듯 밖으로 후다닥 뛰어 나갔다. 작은 고무신짝만한 서생원이 끈끈이에 찰싹 붙어 꼼짝을 못하고 있었다. 그렇게 운동신경이 발달하고 쏜살같이 빠른 놈이 어찌 끈끈이를 못 피하고 잡히고 말았는지 '그래 요놈들 고소하다.' 만족감이 교차했다. 끈끈이가 쥐를 잡는다는 확실한 믿음을 갖고 혹시나 하고 보일러실에도 가져다 놓았다.
 다음날 눈 뜨기가 무섭게 보일러실에 가 보았다. 이번에는 어미 쥐가 아닌 새끼들이 4마리나 붙어 있다. 밤이면 어미 쥐들한테 시달림을 받았던 것을 생각하면 괘씸하기 그지없는데 백주에 새끼들을 보는 순간 측은한 생각이 든다.
 밤이면 잠을 못 자게 천장을 장악하고 떠들며 소란을 피울 때를 생각하면 당장 때려잡아 죽이고 싶을 정도의 심정이다.
 그러나 새끼라는 존재 앞에 그 마음이 무너지고 만다. '너희들은 어미를 잘못 만나 넓은 세상 구경 한 번 못하고 희생된 것이야'라는 말이 나온다.
 지나친 소음에 자글자글 끓던 말초신경이었다. 오늘은 아무 소리도 안 나고 아주 조용하다. 너무 조용하니까 오히려 궁금해지기까지 하는 이유는 뭔지 모르겠다. (2003)

수 탉

　을유년(乙酉年) 닭의 해를 맞았다. 화려한 수탉이 생각난다. 흘러간 세월이라지만 늠름한 자태로 홰치며 우는 정감 가는 소리가 들리는 듯하다. 새벽잠을 깨게 울어도 구박하지 않고 제 역할을 잘하는 건강한 놈이라고 인정했다. 수탉의 정열적인 행동이 생각난다.
　옛날에는 집집마다 닭을 길렀다. 시간 맞춰 놓아기르면 해질 무렵이면 어김없이 제 집을 찾아 들어왔다. 그 시간에 맞춰 먹이를 마당에 뿌려 주면 수탉이 제일 먼저 달려와 암탉을 부른다. 모여든 암탉 주위를 뱅글뱅글 돌며 보초를 선다. '구구구' 큰소리를 내며 암탉을 보호하는 데만 열중하였다.
　인디언 추장 같은 벼슬과 깃털을 뽐내며 대장 노릇하는 수탉을 관찰하느라 넋을 빼앗기곤 했었다. 어쩌다가 암탉을 건드리거나 암탉을 잡을라치면 수탉이 달려들었다. 암컷을 보호하기 위해 달려드는 모습이 용맹스러웠다.

수탉은 서열 싸움이 심해 많이 기르지 못했다. 자기 영역을 침범하면 물불을 가리지 않고 공격하였다. 자기가 거느린 식솔들을 책임감 있게 보호하였다.

어쩌다가 해거름 녘에는 닭장으로 들어가지 않고 주위를 배회하곤 했다. 빨리 들어가라고 긴 장대를 들고 냅다 치면 높은 짚가리로 푸드덕 날아올라가 자태를 뽐내곤 했다. 높은 곳에서 홰를 치며 크게 목청을 뽑았다. 내가 알아서 들어가겠다는 것인지 아니면 내 말을 듣지 않겠다는 것인지 알 수 없는 싸움을 한바탕 하였다.

그리고 난 다음부터는 나만 보면 달려들었다. 학교에서 집으로 들어서면 '구구구' 갈구는 소리를 내며 덤벼들었다. 수탉은 여자애라고 얕보는 것 같았다. 한동안 수탉하고 서열 다툼을 하면서 지냈던 유년 시절은 미소를 머금게 한다.

그 당시, 유정란을 만들어 종족번식을 해야 했기에 수탉은 대접받으며 자랐다. 수탉의 사랑씨앗은 봄이면 더욱 대접 받았다. 노란 병아리가 삐약삐약 거리며 나타나는 새 생명의 탄생은 신비로웠다. 노곤한 봄날의 생동감이 온 집안에 넘쳐흘렀던 것이다.

닭의 해를 맞아 닭의 덕성과 장점을 생각한다. 닭은 다섯 가지 보물을 지니고 있단다. 첫 번째는 머리에 찬란한 벼슬과 날카로운 부리와 발톱을 지니고 있어 문무(文武)를 겸비 했다는 점이고, 두 번째는 적 앞에 당당하고 물러설 줄 모르는 용맹(勇猛)이다.

세 번째는 가족을 부양함에 있어서 너그럽고 양보할 줄 아는 인자(仁慈)함이고, 네 번째는 무언가를 끝까지 찾아내려는 끈기와 하루하루 부지런한 생활을 반복하는 근면(勤勉)함이다.

마지막으로 다섯 번째는 새벽마다 잊지 않고 한결같이 우렁찬 목소리로 기운을 북돋아 주는 신의성실(信義誠實)함이다. 이 기주의로 퇴색되어 가는 핵가족 사회에서 수탉의 용맹스러움과 가족의 대한 충성심을 생각하게 된다. 한낱 미물이라고 일컫지 못하겠다.

닭은 사람에게 가장 가까우 벗이라는 생각도 든다. 알을 낳고 '꼬꼬댁' 소리치면 농촌의 운치가 실감나게 살아났다. 밤이 되면 긴 장대에 올라 줄을 맞춰 지그재그로 앉아 꼭 붙어 잠을 자는 다정스런 모습은 아련하다 못해 그립다. 그 모습이 아름답게 느껴지기도 한다.

수탉은 어려움에 부딪혔을 때 암탉을 방패막이로 삼지 않는다. 홀로 당당하게 앞장서서 목숨 걸고 싸우는 멋진 품성은 지도자들이 보고 배워야 할 필요한 덕목이라 생각된다.

지금은 양계가 국가산업으로 발전하여 마음 놓고 닭고기와 계란을 먹을 수 있게 되었다. 먹고 싶어도 먹지 못하고 참아야 했던 한 시절이 낡은 거미줄처럼 걸려있다.

　올해도 우리나라 곳곳에 가족애와 미덕, 푸근한 인심, 그리고 열정적인 삶의 바람이 부는 한 해가 되었으면 한다. 오늘도 수탉은 어디선가 그 존재의 소중함을 자각하고 새벽녘 별빛을 쳐다보면 '꼬끼오~' 할 것만 같다.

(2005)

고 향

　내 삶 중에 남아 있는 기억을 영원히 지울 수 없는 곳이다. 다만 희미해지고 거리가 조금씩 멀어지고 있다. 풍부한 해산물과 깨끗한 자연환경 때문에 감기 한 번 앓지 않고 자랐다. 옥색 바닷물이 잔잔하게 펼쳐진다. 따사로운 햇빛을 받아 반짝반짝 빛나는 바다 위에 고깃배가 유유히 지나간다.
　그 모습을 바위에 앉아 넋을 잃고 바라보았다. 또 여수 앞바다에 거대한 기름배가 들어오는 날이면 매일 아침 구경하러 다녔다. 바다에 잠길 듯이 들어온 배는 몇 날 며칠을 꼼짝하지 않고 정박해 있었다. 그러다 어느 날 두둥실 떠오른다. 기름을 다 풀었다는 것이다.
　그렇게 큰 배는 난생처음 보았다. 무한한 감동과 미지의 세계로 들어가게 하였다. 바닷바람에 파릇파릇 자라는 밀과 보리는 천혜의 자연환경을 만들어 주었다. 계곡 따라 펼쳐진 바위 덩어리들과 그 밑으로 졸졸졸 흐르는 투명한 물을 떠올리면 내 코가 시큰해진다. 꽃 피고 새 울며 정이 마르지 않던 곳이며 최고의 사랑을 받고 자랐던 외가 동네 풍경이다.

남해군은 고대의 삼한시대, 가야시대, 신라시대, 고려시대, 조선시대부터 현대에까지 이르는 동안 문화와 역사가 깊은 고장일 뿐 아니라 국가와 민족을 위해 훌륭한 인물을 배출한 고장이기도 하다. 1973년 6월 노량해협을 잇는 남해대교가 개통되어 1일 생활권으로 탈바꿈한 꿈의 휴양지가 되었다.

남해대교가 개통되던 날. 육지 사람과 섬사람이 마주보고 걸어가는 그 순간, 감동의 물결이 바다 위에서 출렁거렸다. 한국 최초로 태어난 육중한 현수교가 수많은 사람무게에 의해 거북선처럼 흔들거렸다. 사람들은 새로운 희망과 용기를 손에 불끈 쥐고 감회에 벅찬 얼굴들이었다.

전국의 명산에 속하는 남해 금산과 보광사는 원효대사가 창건하였고 이성계가 백일기도해서 임금이 되었다고 하여 궁궐 이름을 따서 현재 보리암으로 불리고 있다. 보리암은 관음기도처로 이름난 곳이다.

그 아름답고 보물섬이라고 불리고 있는 고향을 나는 왜? 답답하다고 느꼈을까. 사춘기 시절에는 고향 집 뒷산, 녹두산 정상에 올라가서 육지를 동경하기도 했다. 가만히 생각해 보면 내 고향은 전통문화 속에 시와 음악이 넘치는 에너지 보유지로 살아 숨 쉬는 곳이었다. 내가 갈구하던 서울을 선택하였지만 결국 농촌으로 내려와 잘 살게 됨은 고향의 그림자 덕이 크다고 생각한다.

농촌에 살면서 가끔은 고향의 추억을 떠올린다. 그것은 '農者天下之大本(농자천하지대본)' 깃발이었다. 그 깃발 아래 부모님은 모내기, 김매기 할 때 우리가 이해할 수 없는 노래를 부르며 다랭이논을 일구었다. 높은 산 때문인지 다랭이논과 밭이 많았다. 부모님은 그 농토에 지게를 지고, 머리에 이고 날며 농사를 지었다. 힘들어도 힘든 기색 없이 묵묵히 농사를 지었다. 어른들은 힘이 들지 않나 보다 생각했었다. 막상 어른이 되어 농촌에 살아보니 너무 힘들다. 잡초와의 전쟁이다. 밭에 풀 한 포기 없이 농사짓던 부모님을 생각하게 된다.

섣달그믐을 앞두고 마을 회관(집회소) 마당에 어린아이부터 할아버지, 할머니까지 모두 모여 노래자랑과 연극, 만담 등 문화 행사를 했었다. 사춘기 접어든 아이들은 연극 준비에 바빴다. 익살스런 행동과 우스갯소리에 박장대소하며 박수를 보내 주시던 부모님들이다. 화장품이 귀하던 시절이라 짓궂은 모습을 연출할 때는 숯검정으로 분장하여 보는 사람마다 웃음 자아내게 하였다.

설날부터 대보름날까지 집집마다 찾아다니며 풍악을 울려 동네 안녕과 자손의 번창을 기원하는 놀이도 하였다. 끼가 넘치는 어른은 모자를 걸작처럼 쓰고, 꿩 털을 달고 포수처럼 위장하여 뒤뚱뒤뚱 걸으며 춤을 추었다.

학교운동회 날은 우리들만의 날이 아니었다. 부모님도 함께 온 동네 사람들이 모두 모여 정과 사랑을 나누는 날이었다. 지금 생각해 보면 너무나 적극적이었다. 우리 뒷바라지를 열성적으로 묵묵히 해준 것이 깊은 사랑이었다는 것을 느낀다.

특히 '고싸움'이라는 장엄한 놀이가 있었다. 청백으로 나누어 고싸움을 할 때는 하늘을 울리는 함성은 대단하였다. 모두 한마음이 되자는 화합과 단합의 목소리였다. 집집마다 짚을 모아 새끼를 꼬고, 마치 살아 있는 용처럼 만드는 것도 대단하였다. 운동회 때, 빠지지 않고 즐기던 경기였다. 부모님과 함께 신나게 즐겁게 마음껏 뛰었다는 운동회 기억은 보물 같기만 하다. 문화를 많이 즐기며 살았던 부모님들은 교육열도 뜨거웠다.

조상을 섬기는 것도 또한 지극하였다. 생일상 받아먹는 것은 쑥스럽게 생각하고 부모님 제삿날은 크게 모시는 풍습을 가지고 있었다. 한 달 전부터 제사 음식을 준비하고 제주는 상갓집이나 결혼식은 삼갔다. 한밤중에 엄숙하게 제사를 지낸 다음 함지박에 음식을 담아 제일 먼저 나이가 드신 어른 집을 방문한다. 이제는 제삿날 아침이면 동네 방송을 하여 모두 함께 아침 식사를 한다.

아버지께서 운명하시고 제삿날을 맞아 고향에 갔었다. 우리 집 역시 동네 분들을 모셔놓고 대접을 하였다. 갖가지 나물과 맛있는 떡을 준비했다. 특히 생선을 많이 장만했다. 생선 맛은 어디 가서도 못 느끼는 맛이다. 해물탕국과 비빔밥은 어쩜 그렇게 맛이 있는지 모른다. 이제는 그 모든 맛을 볼 수 없게 되었다. 부모님과 가까운 친척은 떠나고 그 자리에 내가 앉아 있다는 것을 보고 놀라게 된다.

이제 고향도 멀어지고 말았다. 부모님을 그리워하는 횟수도 줄어든다. 새큼한 유자 맛도 치자꽃 향기도 아름답게 피었다가 뚝 떨어지는 동백꽃도 유년의 여행지로 남아 가슴 속에서 흐르고 있다.

(1999)

순수한 문학은 우리의 자산

　우리의 가슴을 부자로 만들었던 황금들녘이 텅 비어있다.
　텅 빈 들녘은 텃새와 철새를 부르고 있다. 무엇을 이야기하고 싶은 것일까?
　텅 빈 들녘을 산책하면서, 거기에는 아무것도 없을 줄만 알았다가 푸드덕 날아오르는 힘찬 철새들의 날갯짓 소리에 오히려 내가 깜짝 놀라고 말았다.
　있는 힘을 다해 날아가는 철새들을 보면서 11년 전 내가 문학에 입문할 때가 떠올랐다.
　인간적인 삶에 접근할 수 있다는 사실에 가슴이 두근거렸었다. 그리고 두려움도 없었다. 내가 쓴 작품이 이 지역 문학지에 발표가 되며 창작행위와 더불어 문학발전을 위해 동료를 만났다는 것에 행복했다.

어느덧 내 얼굴의 잔주름과 함께 제12집을 내게 되었다. 작품집을 만들기 위해 우리 화성 지역에서 묵묵히 창작에 힘써 온 문학인의 혼을 담아 함께 묶었다는 것에 부자가 된 것 같은 기분이다.

지방 문학시대에 우리 화성의 귀한 문학적 자산이라 할 수 있고, 문학인들이 최선을 다해 쏟은 우리들만의 독특한 문학을 창출한 살아 숨쉬는 문화예술의 꽃이다.

문학은 인간의 순수함과 진솔함을 잃지 않고 각자 나름대로 최선을 다해 작품을 창출하고 끊임없는 노력을 해야 하는 것이다.

늘 새로운 문학의 지평을 열 때마다 산고의 고통처럼 아픈 시간들을 헤아리지 않고 옥고를 보내 주신 회원 여러분께 진심으로 고마움을 표하고 싶다.

그리고 원고료 한 푼도 받을 수 없음에도 청탁을 할 때마다 오히려 격려와 용기와 사랑을 덧붙이는 편지와 함께 신작을 보내 주신 한국 문단의 큰 어르신들께 머리 숙여 깊은 감사를 드리고 싶다.

아울러 우리의 혼이 담긴 소중한 문집으로 우리 지역뿐만 아니라 전국에 화성을 알리고 싶다. 또 큰 소원이 있다면 노작문학상의 권위가 전국에 퍼져 전 세계까지 알려져 한국문학을 대표하는 혼불로 살아남기를 빈다.

(2002)

아들의 일기

  1994년 5월에 세 자식들을 수원으로 전학을 시켰다. 자연 속에 파묻혀 마음껏 즐겁게 노는 아이들에게 환경적인 변화를 주었다. 이렇게 마음먹고 준비하기란 참, 힘들었다. 미래 교육을 위해 혼자 힘으로 견뎌내려는 다짐을 많이도 했다. 어렵고 힘들고 또 염려와 걱정을 한 아름 안고 도시로 보냈다.

  가정형편으로는 두 집 살림을 해야만 했다. 바깥양반의 결정과 승낙으로 백년농사의 밑거름이 시작되었다. 중학생이 된 큰 아이 때문에 막내가 빨리 도시로 따라가게 되었다. 누나들과 떨어지게 할 수 없었다. 국민학교(초등학교)는 시골이 좋다. 도시학교가 따라갈 수 없는 자연환경이 풍족한 곳이다. 우물 안 개구리가 너무 어린 나이에 떠나가게 되어 마음이 괴로웠다. 아빠랑 함께할 시간이 적다는 것도 안타까웠다.

전학 간 아이들은 놀란 산토끼처럼 긴장되어 있어 마음이 덜컹하였다. 학교에 갔다 온 아들의 첫 말이 "엄마, 애들 엄~청 많아요."라며 놀라워했다. 초등학생 둘째와 셋째는 친구들을 빨리 사귀고 친숙하게 적응해 갔다. 근데 중학생 큰아이가 걱정이 되었다. 친구관계가 원만하고 학습 분위기에 잘 적응해 가기를 초조한 마음으로 기도만 하였다. 시골학교에서 1, 2등을 하고 전교 어린이 회장을 맡아 활동하였지만 도시와의 차이는 엄청 큰 것이라 걱정이 더욱 되었다.
　초등학교 2학년 아들녀석 일기 쓰는 문제가 큰 고비였다. 매일매일 써야하는 일기 때문에 짜증내기가 일쑤였다. 무작정 강요하면서 쓰라고 할 문제가 아니었다. 나 역시 피곤하고 힘들지만 노력하기로 했다. 엄마의 무릎이 학교처럼 엄마의 가슴이 교실처럼 해보자고 마음을 먹었다. 첫 번째로 학교에서 돌아온 아들을 반갑게 맞아 주었다. 안아주고, 볼에다가 얼굴을 비비며 마음을 즐겁게 해주었다. 두 번째는 학교에서 즐거웠던 일, 속상한 일 등을 말할 수 있게 했다. 그것을 간추려 연습장에 써주며 일기장에 직접 쓰게 하였다. 혼자서 쓰라고 했더니 보고 쓰는 것도 잘되지 않았다. 세 번째로 불러놓고 엉덩이를 토닥토닥 해주면서 무릎에 앉혀놓고 쓰게 하였다. 내용은 아주 간단하게 간추려 주면서 쉽게 받아들이게끔 하였다. 그렇게 하자니까 정말 피곤하였다. 시골 농장에 내려가서 남편반찬이랑 먹을 것을 만들어 놓고 도시 집으로 올라와 세 아이 간식과 빨래 청소까지 하고나면 졸음이 몰려왔다.

아들 일기만은 잘 지도하며 도움을 주자고 마음을 먹지만 쏟아지는 졸음은 막을 수가 없었다. 깜박 잠이 들어 있으면 잠결에 "엄마, 일기 써주세요." 소리가 모기 소리처럼 들렸다. 너무 피곤할 때는 "네가 써." 소리가 목에서 올라왔다. 그렇지만 벌떡 일어나 써주기도 했다.

그러던 어느 날 아들 녀석이 돈 100원을 달라고 했다. 왜 그러냐고 물었다. 우유팩처럼 생긴 음료수가 있어 그것을 애들이 많이 사먹는데 아들도 사먹고 싶다고 했다. 그날 학교에서 돌아온 아이얼굴이 어둡기만 하였다. 평상시처럼 다독거려 주고 학교생활은 즐거웠냐? 친구들이랑 잘 지내며 공부도 많이 하고 왔느냐? 했더니 체육시간에 뒷주머니에 100원을 넣어 두었는데 뒤 짝꿍이 빼어 버려 속이 상했다고 한다. 나는 당황하였다. 전학 왔다고 애들이 그랬나 싶기도 하였다.

시원한 미숫가루를 타주면서 많이 속상 했겠다 그치, 했더니 때려주고 싶었는데 선생님께 혼날까봐 참았다고 한다. 그래서 그날 일기 내용을 이렇게 써주었다.

5월 26일 금요일. '학교에 가면 친구들이 사먹는 걸 보고 나도 사먹고 싶었다. 자두 맛 나는 것을 사먹고 싶었다. 엄마께서 100원을 주셨다. 체육시간에 내 뒤 짝꿍이 돈을 빼어버렸다. 나는 속이 상했다. 화가 났다. 때리고 싶었다. 선생님께 혼 날까봐 못 혼내 주었다.' 이렇게 써 주었다.

그날 학교에서 돌아온 아이는 어제와 반대로 밝은 빛을 띠며 음료수를 입에 물고 왔다. 나는 깜짝 놀라 어머 그것 어디서 났니? 물어보았다.

"응! 선생님께서 100원을 주셨어요."라고 대답했다. "선생님 께서 아무 말씀도 없이 그냥 주었니?"라고 했더니, "운동장에서 어떤 형아가 100원을 주워서 선생님께 갖다 드렸대. 그래서 선생님이 주신거야."라고 한다. 몇 천 명이 되는 학생 수에 넓은 운동장에 100원이 어찌 아들의 돈이겠는가. 아들의 일기 검사를 하고 담임선생님께서 아들의 속상한 마음을 풀어준 것이다.

5월 27일 토요일. '오늘 선생님께서 일기 검사를 하였다. 어제 잃어버린 100원을 찾아 주셨다. 내 뒤 짝꿍에게 미안했다. 맛있는 음료수를 사 먹을 수 있었다. 우리 선생님은 참, 훌륭하다. 오늘 놀이터에서 누나들과 재미있게 놀았다.' 이렇게 써주던 일기가 6개월이나 걸렸다.

그러던 어느 날 책상 앞에 앉아 뭔가를 열심히 쓰고 있었다. 뭘 그렇게 열심히 쓰고 있나 싶어 다가갔다. 그러자 재빠르게 공책을 덮으면서 "엄마 보시면 안돼요." 했다 뭔데 그러느냐고 했더니 "일기 쓰고 있는 중이니 나가라."고 했다. 일기는 자기 마음을 쓰는 것이라는 것을 알았나 보다. 웃음이 터져 나왔다. 또한 너무 기뻤다. 세상 사는 맛이 꿀맛 같았다. 그리고 너무 대견스러웠다. 그동안 힘들었던 것이 싹 도망을 갔다. 좀 더 즐겁게 잘해 줄 걸 하는 아쉬움이 들었다. 자식 낳고 기르면서 제일 힘든 것이 자녀교육이다. 마음대로 더욱 안 되는 것이 자녀교육인 것이다. 그러나 나는 자녀교육에 욕심이 많아 그런지 애착이 남다르게 많은 것이 사실이다. 그러다 보니 남다른 고통을 안고 있다.

자기 일은 자기 스스로 하며 자기 마음을 잘 다스릴 줄 아는 사람이 남에게 베풀 줄 아는 사람이 될 것이다. 감사하는 마음을 갖게끔 가정지도에 노력하고 있다. 국민학교 2학년 아들은 일기쓰기를 통해 편지도 스스로 쓴다. 연말에 외할아버지, 외할머니, 담임선생님께도 편지를 쓰는 것이다.

그리고 중대한 일이 있으니 자기 방으로 들어오지 말라고 선전포고를 하였다. 뭔가 궁금했던 작은누나가 살짝 들어가 보고 핀잔을 주는 말을 하였다. "엄마 글쎄 기석이가 교장선생님께 편지를 쓰고 있어요." 하질 않는가. 나는 칭찬을 아끼지 않았다. 학교에서 제일 높으신 어른께 새해 인사를 드리는 마음이 너무 기특하다. 엄마도 생각 못했던 것을 하는구나 싶었다.

작은누나까지 덩달아 함께 교장선생님께 편지를 쓴다고 난리였다. 편지 내용이 궁금하였다. 뭐라고 썼을까? 의문이 생기지만 보여 달라고 하질 않았다. 두 아이의 편지를 받아본 교장선생님께서 아이들에게 직접 전화를 걸어왔다. 편지 잘 받았다는 말씀에 두 아이들은 즐거워 어쩔 줄 몰라 했다. 나 역시 고마웠다. 전화번호 찾느라고 고생하였겠다. 훌륭하신 교장선생님이시라고 말을 하였다.

세월이 흘러 갈수록 사회가 복잡해지고 생존경쟁이 치열해지고 있다. 이럴수록 마음의 안식처는 가정이라는 것을 심어주고 싶었다. 인생에 있어서 영원한 안식처는 가정이다. 아이들 학교 보내고 농장으로 내려갔다가 막차를 타고 올라왔다. 때로 올라오지 못할 때는 어린 아들은 제 스스로 학교에 갔다. 막내에 대한 지도를 한 점이라도 흐트러지지 않게 하면서 사랑을 주려고 안간힘을 쓰고 있다.

깊은 물은 소리 없이 흐르듯이 내 아이들에게 최선을 다해 올바른 길로 인도해 주리라. 먼 훗날에 자기 스스로 개척할 줄 아는 사람이 되어 멋진 인생을 살기를 바라는 마음이다.

(1994)

아름다운 동행

　이재인 교수님은 2007년 6월 10일 '독서신문' 문학기행 경기 화성시편에 나를 대문짝만하게 게재토록 해주신 분이다. 실력이 부족한 제자를 오직 "의욕에 차 있는 사람, 주부로서 작가로서 양계산업을 하는 축산농가의 모범적인 사람이다. 서정성 높은 깐깐한 수필을 쓰고 있다. 감칠맛 나는 문체를 가지고 있다. 화성을 빛내는 인물로 정착되기를 기대한다."라는 생애 최고의 극찬과 용기를 실어주는 보도였다.
　내가 이미 반세기를 넘게 살았다기보다 겨우 반세기를 걸어가고 있는데 이렇게 벅찬 감동을 받아보기는 처음이다. 인생을 흐지부지하지 않게 살고 싶을 뿐 아니라, 작은 것이나마 베풀면서 부지런하게 살겠다는 제자의 굳은 신념을 어찌 알았을까? 이 평범한 문인에게 수평선 같은 가능성을 심어 주었다. 나는 큰 희망과 용기를 손에 쥐었다고 해도 과언이 아니다. 교수님은 인생에서 제일 중요한 배움을 놓지 말고, 교만하지 않고 겸손한 마음으로 작가의 길을 가라고 샛별 같은 스승의 모습을 말없이 보여 주었다.

　세상의 물질만능 속에서 사람의 마음은 파도와 같고 인간관계는 혼탁해져 가고 있다. 다행히도 변하지 않는 사철나무처럼 시끄럽지 않은 교수님을 만났다. 오아시스 같은 인연을 만나기는 극히 드물다.

　이재인 교수님과의 인연은 15년 전 일이다. 수원문화원에서 경기대 국문과 교수님께서 하시는 문예창작대학이라는 요람이 있다는 현수막을 보고 입교하였던 것이다. 화성시민인데도 염치없이 발을 디디게 되었다. 그곳에서 교수님을 만나게 되었다. 나처럼 기난과 역경을 이겨낸 그분은 삶을 방앗긴에서 가래떡 뽑듯이 뜨끈뜨끈한 강의로 우리들의 눈시울을 적시게 했다.

　그 후 개인적으로 교수님을 찾아뵙고 인사를 자주 드리지 못했다. 그런데도 꼭 친삼촌처럼 반갑게 맞아주면서 헤어질 때는 책을 바리바리 싸서 주었다. 또 마음에 부담가지 않게 대학교 구내식당에서 점심까지 얻어먹은 적도 있다. 나는 너무 깨끗하고 정이 많은 교수님과 사모님을 모시고 근사한 식당에서 대접해 드리고 싶다는 생각을 하게 되었다. 그러나 지금까지 실천을 하지 못하고 있다.

그리고 자녀 진로문제를 놓고 고민 고민하다 어렵게 전화 드리면 어떻게 내 마음속을 아셨는지 너무나 친절하게 상담도 해 주셨다. 그리고 속 시원하게 해답을 주시면서 삶에 대한 융통성을 발휘하는 것까지 가르쳐 주기도 하였다.

달밤에 우뚝하게 선 버드나무처럼 아름다운 모습을 본 적이 있다. 이재인 회고록 『저 눈밭에 내 시간은』 출판기념회가 있었다. 주인공은 손님처럼 앉아 있고 제자들이 펼치는 기념회를 지켜볼 뿐이었다. 이런 출판기념회는 난생처음이었다. 욕심이 덕지덕지 묻어나며 생색이 꽃피는 출판기념회를 보아왔던 나는 어안이 벙벙했다. 제자들이 모여 교수님을 뽐내며, 인간의 고귀한 향기를 피우며 자연스럽게 스승의 품격을 드높이는 기념행사에 무한한 감동을 안고 돌아왔다.

그날 오랜만에 교수님을 뵙게 되었다. 절대 늙지 않고 창공의 별처럼 빛날 줄 알았던 교수님은 곱게 물들인 단풍잎을 닮아 가고 있었다. 그 모습에 나는 내 삼촌처럼 마음이 저며 왔다. 수많은 제자들 중에 꼭 잊지 않고 챙겨주시는 그 마음은 곳간에 알곡 같고, 내게는 펜을 놓지 말고 글을 쓰라는 말없는 채찍질 같기도 하였다.

어느 날 자연 속에서 저절로 자라 다닥다닥 붙어 있는 오디 열매를 보게 되었다. 교수님 생각이 머리를 스치고 지나갔다. 뽕나무 잎, 열매, 뿌리는 '신선의 약'이라고 한다. 오디를 따서 술을 담가 어두운 곳에서 15일 정도 익히면 약효가 뛰어나다고 한다. 나는 그동안의 은혜를 조금이나마 보답하기 위해 뽕나무 밑으로 갔다. 몸에 좋다는 것을 배우지 않은 새들이 어떻게 알았는지 모여들어 따서 먹느라고 시끄러웠다. 사람냄새를 맡았는지 날아가지 않고 내 머리 위에서 나가라는 듯 합창으로 지저귀기 시작하였다. 나는 큰소리를 쳤다. '같이 먹고 살자'라고. 알아들었는지 조용해졌다. 나의 성의를 봐서라도 교수님께 불로초가 되기를 바라며, 뽕나무 열매로 술을 담가 정성껏 보내드렸다.

교수님과의 인연으로 기념 산문집 『아름다운 동행』에 제자로 선택되어 이 글을 쓰는 영광을 얻었다. 요즈음 양계산업도 첨단기술로 발전되고 있다. 그 기계를 잘 다루어야 한다. 또 닭에 대한 감각이 뛰어나야 하며 잘 관찰해야 국민들에게 보약이 될 수 있는 단백질을 생산할 수 있다. 첨단기술에 익숙하지 못한 나는 남편한테 혼도 많이 났다. 올 여름에는 얼마나 힘이 들었는지 모른다.

그러다 보니 내 육신과 정신은 몽롱해지고 말았다. 글을 도저히 쓸 수가 없었다. 그런데 교수님은 나태해진 정신과 삶에 지친 심신을 미리 알았는지 펜을 들게 하였다. 해가 뜨면 쏟아지는 매미소리와 해가 지면 가냘픈 풀벌레 소리를 듣는다. 내 가슴속에서 자꾸 차오르는 그 무엇을 느끼게 하고 있다.

끝으로 교수님께 감사 인사를 드리고 싶다. 항상 우리들 곁에 선상한 모습으로 영원이 남아 세사를 좋은 실로 밝혀주는 신호등이 되어 주시길 간절히 빌어본다.

아빠는 엄마가 책임을

 전원생활이 좋다지만 막상 살다보면 보이지 않는 고통이 따른다. 농장경영이 본업이 되다보니 마음을 푸근하게 가지고 살 수가 없다. 적잖은 장애물을 넘어야 한다.
 전형적인 농촌마을에 낯선 이방인이 나타나 땅을 장만하면 동네 이장님이 달려온다. 그러면 가슴이 콩닥콩닥 뛰었다. 남편도 시골에서 청소년기 때 4H회장을 맡아 동네 발전을 위해 봉사한 경험을 살려 적절하게 해결하였다.
 시골은 도와주는 이가 없다면 살아가기 힘든 곳이다. 그렇지만 마음의 큰 등불이 되어 주신 분이 계신다. 바로 이 지역 면장님이시다.
 지금 농장을 하자면 까다로운 절차를 밟아야 한다. 허가 받지 못하면 농장을 할 수 없다. 그 시절은 무허가로 농장을 경영하였다. 무허가는 민원 대상이었고, 골치 아프게 일을 맡아서 처리를 해야 하는 것도 면장님이었다.

  면장님은 현실을 부정하지 않고 너그러운 마음과 긍정적인 생각을 가지고 계신 분이었다. 무허가에 따른 민원이 발생하면 "젊은 사람이 살아보려고 발버둥치고 있는데 동네에 큰 피해를 주지 않으면 도와주자."라는 말씀을 하였단다.

  그 따뜻하고 용기주신 말씀에 남편은 좋아서 어쩔 줄 몰라 했다. 그 말 한마디에 엄동설한임에도 불구하고 자재를 사다가 농장을 지었다. 부모형제도 희망이 없는 직업으로 받아들이게 되었고 우리는 미운오리새끼처럼 살았다. 잘 나가던 회사를 접고 시골로 내려와 농장을 경영하는 고통은 말로 다 표현할 수 없다. 실패를 거듭하며 오뚝이처럼 일어나 오늘의 해바라기처럼 살 수 있었던 것은 알게 모르게 도와주신 분들의 덕이라 생각한다.

  삶의 고행은 죽을 때까지 연속이지만 그 과정에서 힘과 용기를 주는 사람이 있다면 살아가는데 큰 에너지를 얻게 된다. 젊은 사람이 살려고 발버둥친다는 것을 훤히 알고 약자의 편에 서서 말 한마디로 희망과 용기를 준 분을 만났다는 것이 큰 행운이다.

  그런데 뜻밖에 면장님 사모께서 운명했다는 안타까운 비보를 듣게 되었다. 항상 고마움을 가슴속에 안고 살고 있는 터라

나도 모르게 미어지는 아픔이 엄습해 왔다. 아직 젊으신 분인데 왜 이렇게 빨리 가시는가 생각하니 어안이 벙벙해졌다.

나는 학교 수업을 빼 먹고 남편과 함께 찾아뵈었는데 친자식한테 말하는 것처럼 "바쁜데 왜 왔어. 그래 고마워." 하는 소리에 눈물을 왈칵 쏟을 뻔했다. 오래전 시어머니께서 운명하셨다는 소리를 듣고 기꺼이 챙겨 주셨던 분이 아닌가. 몸과 마음이 무겁게 인사를 드리고 집으로 오게 되었다.

그 무거운 마음을 집에까지 갖고 와서 헛소리로 중얼거리게 되었다. 큰딸이 관심을 갖고 물어왔다. "엄마, 무슨 일 있어요?"라며 바짝 다가와서 물었다.

자초지종 일어난 이야기를 했다. 이제 자녀들 다 성장해서 두 분이 오순도순 살게 되었는데 허망하게 가셨다. 평소 가슴이 답답하다며 가까운 병원을 이용했단다. '대수롭지 않게 생각한 것이 큰 원인이 되어 가시고 만 것 같다.'라고 하자 딸애가 큰소리를 친다.

"엄마는 절대 아빠보다 먼저 죽으면 안 돼요. 절대 안돼요." 라고 강조하고 또 강조한다.

딸에는 평소에 이 엄마가 소화기능이 약해 색다른 음식을 먹으면 등을 두드려 달라고 해서 놀랐던 모양이다. 그러면서 '아빠는 엄마가 책임져야 한다.' '엄마가 먼저 죽으면 도망을 가버릴 것이다. 아빠를 누가 책임을 지느냐?' 등 생각지도 못한 말을 쏟아 붓는 통에 정신이 번쩍 들었다.

　너희 아빠는 그렇지 않더라. 마음 아파하는 엄마보고 좋은 사람 만나면 된다고 아주 쉽게 말을 하더라고 했더니 딸애는 그렇지 않다고 한다. 딸애는 늙으면 그렇지 않다는 것을 강조한다.

　늙으면 돈이 많아야 한다고까지 말한다. 부부가 아무 탈 없이 살다가 가지 못하면 돈이 많아야 한다는 신세대의 발언이 정말 무섭기까지 한다. 또 "엄마가 아빠를 책임지지 못할 것 같으면 돈을 많이 모아놓고 죽어."라고까지 한다. 살벌하고 치열한 대화보다 코미디 같은 분위기였다. 나는 얼마나 모아놓고 가면 될 것이냐고 물었다. "억! 억! 10억을 모아 놓고 가세요." 라는 말을 남기고 잽싸게 학교 간다며 나간다.

　돈을 모아야 한다는 숙제를 받고 생각하게 된다. 남편의 성품으로 보아 어느 누가 책임감을 갖고 보살펴줄 사람이 나 말고 아무도 없다. 툭 하면 성질을 내고 다혈질 성격의 소유자다. 이 소리를 남편에게 하면 무슨 소리 하느냐며 따질 것이 뻔하다. '나 같은 사람이 어디 있느냐.'라며 사나이의 자존심을 당당하게 내세울 것이다. 아내를 사랑하는 모습을 자식들에게 보여 주기를 당부하고 싶을 뿐이다.

　딸은 대학 졸업이 가까워 오자 인생의 의미를 아는지 코피를 흘리면서까지 고교과외와 학원 강사를 해서 생활비에 보태 쓰라며 큰돈을 내놓아 가슴이 찡하다 못해 아리기까지 한다. 그러면서 딸애는 "엄마가 나를 낳지 않았다면 어떻게 할 뻔했어?"라고 의기양양한 말을 하기도 한다. 때론 가까이 사는 외삼촌을 만나면 따지기도 한다. 외삼촌들은 우리 엄마 말을 잘 듣고 자랐다며 왜, 무엇 때문에 말을 잘 들어 우리한테까지 피해를 주느냐고 넋두리도 한다. 제법 성인이 되었다는 것인데 내 눈에는 아직까지 어린애로 보인다.

결국 큰딸도 맏이로서 나의 닮은꼴이 되어 가는데 본인은 절대 '엄마처럼 살지 않겠다'고 말한다. 나 역시도 엄마처럼 살지 않겠다'고 큰소리치며 원망도 했다. 엄마가 되자 그렇지 않았다. 고통, 미움은 승화시키고 행복을 창조하는 능력의 힘을 갖추고 살아야 한다는 것을.

(2003)

약손가락

 오늘도 오른쪽 약손가락을 코 앞쪽에 대며 쳐다본다. 어릴 때 친구들과 재미있게 놀다가 헤어지지기 아쉬워 내일 또 만나자는 약속을 수없이 했던 새끼손가락을 보고 매일 인사를 한다.
 지난 음력 섣달이다. 설을 맞아 자식들이 내려오면 덮고 잘 이부자리를 극성스럽게 꺼내서 털고 만지다가 손가락이 삐끗하고 말았다. 눈물이 날 정도로 많이 아팠다. 시간이 지나면 괜찮겠지 하고 대수롭지 않게 생각하였다. 하루 이틀 날짜가 지날수록 욱신욱신 아려오더니 붓기 시작하였다. 부랴부랴 병원에 가서 사진을 찍어 보았다. 인대가 심하게 늘어났다고 하였다. 한 달 동안 움직이지 말아야 한다며 감아준다.
 과거에 구기종목을 무척이나 좋아했디. 친구들과 아이스그림, 자장면내기 하는 경기를 즐거이 하였다. 그러면서 손가락을 많이 다쳤지만, 금방 잘 낫기도 하여 그다지 큰 신경을 안 쓰게 되었다. 그러나 한 달이 가고 두 달이 가도 낫지를 않고 점점 아파왔다. 눈만 뜨면 약손가락에 파스와 약을 발라가며 신주단지 모시듯 감싸다시피 지냈다. 또 너무 답답하여 빨리 낫고 싶어 한의원에 다니며 화침을 맞기도 하였다.

겨울 차가운 바람을 쐬며 약손가락이 추워 죽겠다고 아려왔다. 내 몸이 옛날이 아니라는 것을 망각하고 옛날에는 잘도 낫더니만 왜 그렇게 잘 낫지 않느냐고 투정을 부리게 되었다. 답답하여 시내 큰 병원으로 가게 되었다. 의사선생님께서 약손가락 인대는 다른 손가락에 비해 인대가 아주 약하고 잘 낫지 않고 수술하기도 힘들다고 하였다. 수술하더라도 1년이라는 시간이 필요하다고 하였다.

손가락을 감고 다닌 세월이 길다보니 주위 사람들에게 인사도 참 많이 받았다. 아직도 낫지를 않았냐고 하기도 하고, 친구와 수다를 떨다가도 손가락이야기가 저절로 나오게 되었다. 친구는 나를 위로 한다고 "누가 물어보면 이불 꺼내다가 다쳤다고 하면 창피하니까, 농장 일 하다가 다쳤다."고 말하라고까지 했다. 항상 웃음과 넉살을 갖추고 유머 또한 뛰어나 웃음꽃을 피우며 지내는 친구이다. 사실은 병원에서 한 달 동안 치료해야 된다고 했을 때, 농장에 일이 많아 깁스를 풀고 일을 하다가 재차 다친 원인이 있기도 하다.

어느 날 친구와 전화 통화하다가 또 친구가 "손가락 좀 어떠니?"라고 물어왔다. "잘 낫지도 않고 그대로다 포기하고 살련다, 야." 하고 말했다. 그랬더니 "너 아홉수 톡톡하게 넘긴다."라고 말했다. 그 친구는 아홉수가 되면 그냥 지나가는 법이 없다는 말을 했다. 느닷없이 아홉수 이야기에 다친 날을 계산하니까 49세 섣달 스물 여드레였다. 액땜으로 생각하고 넘어가라고 한다. 그러나 똑바로 정신을 차리지 않는 나의 잘못이 크다. 약손가락이라고 옛날 생각만하고 대수롭지 않게 생각한 나 자신에게 문제가 있다고 생각한다.

약손가락이라고 얕보고 아끼지 않았기 때문에 고생을 하는 것이다. 농장 일도 손가락이 아파서 못한다고 하고 일부러라도 엄살을 부려야 하는데 그렇지 못한 내 성격도 문제다. 또 농장에 자질구레한 일은 깨끗하게 해야만 내 십간이 편한 것도 있다.

아파도 참고 일을 하다가 고생은 고생대로 하고 손가락은 제 모양을 잃고 말았다. 신체 어느 부분을 다치더라도 고통이 따르기 마련이다. 작은 고추가 맵다고 작은 손가락이라고 우습게 생각한 내 잘못이라고 오늘도 탓하고 있다.

(2004)

어머니 나의 어머니

무더위가 지나고 나면 농장 주위에 방아꽃이 피기 시작한다. 남쪽지방에 놀러갔다가 얻어온 모종이 해를 거듭할수록 온 사방에 퍼져 콩나물 나듯 많이도 나서 자라고 있다. 8, 9월이면 보라색 꽃을 피운다. 살짝 만지면 향기가 진동을 한다. 향기에 온갖 나비들이 모여든다. 유난히 호랑나비가 많은 걸 보면 그 향기를 더욱 좋아하나보다. 나비도 서열이 있는지 호랑나비가 나타나면 노랑나비와 흰나비들은 자리를 피한다. 향기에 취해 너울너울 춤추는 호랑나비들을 바라보노라면 평생 동안 얼굴 한 번 활짝 펴지 못하다가 이승을 떠나신 어머니 생각이 난다.

남성처럼 강하게 살다간 어머니를 이제 와서 생각하면 내 가슴이 왜 이리도 쓰리는지. "참을 인(忍) 자만 생각하고 살아라. 그러면 살인도 면한다는 말이 있느니라."라는 말을 귀에 못이 박히도록 들고 자랐다. "아무리 가난하여도 열심히 공부하고 착하게 살다보면 천지신명이 도와줄 것이다."라는 말씀도 지겹게 들었다. 또한 구술이 뛰어나 전설적인 이야기도 많이 들려주셨다.

어머니는 용기도 많았고 활동력과 독립심이 강하셨다. 집안 어른들께도 옳지 않은 일에는 스스럼없이 바른 소리도 하셨다. 그럴 때 나는 왜 그렇게 부끄럽다는 생각이 들었을까. 한글, 숫자와 규약 만드는 것을 독학으로 배워 아는 것도 많았을 뿐 아니라 뜨개질, 바느질도 잘 하셨다. 음식도 맛있게 만드셨다. 구정 무렵에는 뜨게 실을 사다가 내 가방을 색동으로 만들어 주었고 옷도 예쁘게 만들어 입혀 주었다.

체구가 통통하고 뼈대가 굵어 힘도 장사였다. 집안에 담장이 무너지면 혼자서 그 무거운 돌덩이를 번쩍 들어 올려 돌담도 잘 쌓으셨다. 농사를 지어 매상할 때면 벼와 보리가마니를 머리에 이고 손을 놓고 걸어 가셨다. 그럴 때마다 나는 어머니의 팔뚝에 있는 북두칠성 점이 생각났다. 남자로 태어났다면 분명히 장사(壯士)가 되었을지 모른다는 생각을 하곤 했다. 여름이면 등목을 자주 하였는데 그럴 때마다 나는 어머니 팔뚝 중앙으로 눈이 갔다. 세어보고 또 세워 봐도 점은 분명 일곱 개였다. 어머니 팔뚝에 똥바가지가 있다고 놀리면 씽긋 웃기만 하셨다.

내 어린 시절이 모습을 떠올리면 어머니는 호랑이만큼 무서웠다. 무뚝뚝하고 자식들이 잘못될까봐 상투적인 말로 엄하게 가르쳤다. 특히 존댓말을 쓰게 하고 이웃 어른들께는 인사를 잘 해야 한다고 가르치셨다. 하루에 몇 번을 만나도 고개 숙여 인사를 해야 한다고 하셨다.

아버지는 조용하고 온순하며 차분한 성격으로 사셨던 분이다. 할머니께서 일찍 돌아가시는 바람에 어머니에 대한 그리움을 안고 살다가 저승에 가셨다. 착하고 온순한 탓에 아버지만 교육을 받지 못하셨다. 어머니는 답답하다는 이유로 부부싸움도 많이 하였다. 해병대 출신인 아버지는 참았다가 화가 나면 무서웠다. 나는 겁이 나서 이웃에 사는 작은삼촌네로 달음박질도 수없이 쳤다. 아버지와 어머니 성격이 바뀌었더라면 우리 가정은 아름다운 조화를 이루었으리라 생각도 많이 했다. 그랬다면 우리 가정은 행복하였을 것이다.

어머니는 집안일보다 밖에 일을 즐겁게 하셨다. 장구 장단을 기가 막히게도 잘 치셨다. 배우지 않았는데도 소리만 듣고 금방 따라하여 신통할 따름이었다. 동네친목 모임에서 흥을 잘 돋우어 주위 사람에게 인기도 많았다. 그렇게 잘 노는 어머니를 아버지는 무척이나 싫어하셨다.

내가 초등학교 3학년 때였다. 어머니는 자녀교육을 위해 장사를 해야 한다며 아버지를 설득하여 학교 앞집, 문방구를 인수하여 장사를 시작하였다. 초·중·고등학교가 있는 곳이라 앞날의 전망이 좋은 곳이었다. 손재주가 남다르며 지혜가 있는 어머니는 붕어빵도 잘 만들어 파셨다. 그러다 보니 맏이인 나는 어머니 일을 도와드리지 않으면 안 되었다. 어머니 옆에 내가 없으면 찾았기 때문에 항상 조수처럼 어머니 옆에 있어야만 했다.

농사꾼인 아버지와 장사 수단이 능수능란한 어머니와 의견충돌이 생겨났다. 숫자에 약한 아버지는 가게에 나가기를 싫어하셨다. 아침이면 학생들이 많이 몰려드는 바람에 척척 해결해내지 못하는 아버지는 답답하셨던 것이다. 결국 장사에 소질이 없는 아버지와 어머니는 잦은 다툼을 하셨다. 아버지와 싸움이 차츰차츰 잦아지더니 어머니는 병을 얻어 눕고 말았다. 어머니가 드러눕자 가게 일은 엉망이 되고 집안 살림살이는 내 몫이 되었다. 문전성시 하던 손님을 옆집에 빼앗기고 말았다. 그리하여 결국 가게를 정리하고 다시 마을로 들어오게 되었다. 그 후 아버지는 천석꾼인 이모 할머니네로 미슴살이를 가게 되었다.

어머니는 길쌈을 하다가 시간이 나면 생선 장사하러 장터로 나가면서 집을 비우는 날이 많았다. 그러면 나는 소녀가장처럼 동생들을 보살폈다. 다행히도 동생들은 내 말을 잘 듣고 잘 따라 주며 착하게 커주었다.

어머니는 농사일과 장사하며 사는 삶이 고달프셨는지 성격도 급하고 목소리도 커지며 가정교육에 집착하셨다. 교육청으로부터 모범 어머니상을 받기도 하였지만 신병이 재발하면 며칠씩 누워 일어나지 못하였다. 나는 옹기그릇에 쌀을 넣고 돌멩이로

박박 문질러 쌀뜨물을 만들어 드시게 하면 일어나 움직이셨다. 내가 성장하자 집 밖에 나가서 놀지도 못하게 하였다.

 밖에 나가서 놀다가 들키는 날이면 어머니에게 두들겨 맞기도 했다. 여자는 살림을 잘 해야 한다고…. 부엌 가마솥은 반질반질하게 해놓고 살아야 한다거나, 반찬거리 재료 하나로 세 가지 이상 만들어 내는 지혜를 가져야 한다고도 하셨다. 그릇은 깨끗하게 군대처럼 질서 있게 쌓아 놓아야 한다고도 하셨다.

 결혼도 내 마음대로 할 수 없었다. 어머니는 평소에 입버릇처럼 "만약에 연애결혼을 하면 다리몽둥이를 뿌질러 놓을 것이다."라며 엄포를 수없이 해대셨다. 어머니 교육에 길들여진 나는 연애결혼은 생각도 못했다. 그리하여 어머니 의사를 존중하여 어머니 뜻대로 선본 지 한 달 만에 결혼하였다. 내가 어머니의 따뜻한 사랑만으로 자라다가 아무것도 배우지 않고 결혼하였다면 아마 파탄을 내고 말았을 것이다.

 어머니는 맏딸인 나를 남편처럼 의지하고 살았던 것 같다. 온갖 어려움이 있을 때마다 찾아와 의논하였고, 금전적인 것도 스스럼없이 손을 내미셨다. 어려운 시대에 딸자식 공부시켰다며 사위 앞에 어찌나 당당하셨는지 모른다. 그 당당함 뒤에는 어디 내세워도 빠지지 않게 가르친 내 딸자식이라는 기세도 엿보였다. 내 성격과는 도무지 맞지 않는 어머니와 갈등도 많았지만, 나는 참을 수밖에 없었다.

내 유년 시절, 사는 게 힘에 부치면 어머니는 천리만리 달아난다는 소리를 많이도 하셨다. 정말 달아날까봐 가슴이 조마조마 했었다. "너희들이 착하게 커주어 못 달아난다."고 말씀 하시면 기분이 무척 좋았다. 그런 나의 어머니는 외할머니를 두시고 천리만리 길도 아닌 곳으로 달아나 버렸다. 법 없이 살 양반을 만나 어렵고 힘겨운 세상을 살려하다 보니, 어머니는 그렇게 드세게 악착같이 사실 수밖에 없었음이 이제야 헤아려진다.

어머니는 신기하게 아무리 화가 났다가도 나만 나타나면 그 화가 풀어지는 희한한 분이셨다. 어머니는 살아계실 때도 자주 찾아와 나를 힘들게 하더니만 요즈음 꿈속에 가끔 나타나신다. 꿈속에선 오히려 내가 큰소리를 친다. 다시는 내 꿈속에 나타나지 말라고 소리치며 대답도 없이 휑하니 가버리시다. 꿈속에서 깨어나 생각하면 이래도 한 세상 저리도 한 세상인데 살아계실 때 좀 더 잘 해드리지 못한 마음이 고무풍선처럼 부풀어 올라 눈시울을 적신다.

어머니는 병들어 몸이 아파지자 외롭고 슬픈 마음을 맏딸인 나에게 풀어 놓으려고 했던 것 같다. 어머니의 삶을 돌아보면 절절하고 가슴 아픈 이야기도 많다. 그 모든 것은 내가 엄마가 되어 딸을 모두 시집보내 놓고 나니, 나의 어머니의 깊고 깊은 마음을 조금이나마 깨닫게 된다.

(2015)

우 정

 살다보면 가슴 터질 듯 아픔을 겪을 때가 있다. 참고 견딜 수 없을 때는 나와 제일 가까운 친구를 찾게 된다. 친구에게 속 시원하게 털어놓고 이야기하면 마음은 안정을 되찾게 된다. 이렇게 깊은 우정을 나누며 사는 친구들이 몇몇이 있어 삶의 소나기와 비극은 피할 수 있다.
 남편과 장거리 외출을 하고 돌아오다 다투게 되었다. 완전히 나의 속을 철수세미로 닦듯이 오장을 질러대는 말을 하였다. 너무 분하고 어찌할 수 없는 감정에 도달하였다. 휴게소에 들어가지 않았다면 차문을 열고 뛰어 내리고 싶을 정도였다.
 그때 친구에게 전화를 했다. 밤이 늦었는데도 친구는 나의 심정을 이해하고 조용조용하게 대화를 유도하며, 내 억울하고 분한 마음을 달아나게 해주었다. 나이가 들어갈수록 우정은 영혼까지 맑게 해준다. 어머니 상을 치르고 왔을 때도 친구가 전화를 해왔다. 마음속 깊은 정을 보내오며 힘든 노고를 이해해 주며 다독거려 주었다. 사실 초상을 치르게 되면 몸과 마음은 엄청 무겁다. 그 무거운 마음을 내려놓고 생업으로 돌아가게 자극을 주는 것도 우정밖에 없는 것 같다.

또한 친구 중에 심술과 시기하는 친구가 있다. 때론 자존심을 건드리거나 부부싸움을 하게 만드는 친구도 있다. 이런 친구들은 오래가지 못한다. 우정을 들여다보면 다양한 기쁨도 있고 슬픔도 있다. 친구가 아프다 하면 가슴이 철렁 내려앉고, 가정에 혼사가 있으면 어떤 일이 있어도 가봐야 한다는 친구도 있다. 이렇듯 혈육 같은 친구는 바위처럼 단단한 우정 때문이라 생각한다.

남에게 감동을 주는 친구가 있다. 친구가 직장을 다니다가 회사의 어려운 사정으로 명예퇴직을 해야 할 처지에 이르렀다. 그렇게 되면 모두들 살아남기 위해 수단과 방법을 가리지 않는다. 그런데 나의 친구는 담당자에게 "내가 어려울 때 회사에서 나를 살게 해주었는데, 회사가 어렵다면 퇴직하겠다."고 담담하게 말씀드렸단다.

그 말 한마디가 회사 사장님을 비롯하여 모든 간부들에게 감동을 주었단다. 퇴직자 만찬에서도 대표로 인사말을 하게 되었고, 감사패와 함께 선물도 푸짐하게 받았다고 한다. 또 한 친구는 딸 둘을 외국으로 시집 보내놓고 마음 아파할까봐 밤낮으로 전화를 해서 외로움을 달래 주기도 했다.
 그 많고 많던 친구들은 나이가 먹을수록 점점 줄어간다. 이제는 몇몇만 나의 일부분이 되어 이 세상을 함께 살아가고 있다.
 그중에 또한 상업을 아주 열심히 하며 사는 친구도 있다. 농촌에서 살다보면 먹을거리가 넘칠 때가 있다. 친구들 생각이 나서 보내주게 되고 그 친구들은 내가 필요한 것을 골라 보내준다. 상업을 하면서 내 이익을 생각지 않고 값나는 것을 골라 선뜻 내 주기는 그리 쉽지는 않다. 농촌에서는 땅이 먹을 것을 만들어 주어 인심을 쓰고 있다. 택배로 보낼 때만 약간 힘이 들 뿐이다.
 유년의 친구들은 순박함이 고여 있다. 코스모스 꽃길을 걸으며 쌓았던 우정을 꺼내 읽을 때 신바람이 나서 그 시절을 그리며 깔깔대기도 한다. 제철에 나는 생선 또한 깊은 맛을 알아 서로 정보를 교환하여 사먹기도 한다.
 나는 유난히 멍게를 좋아했었다. 어느 날 엄마 따라 시장에 갔었다. 자연산 멍게를 지푸라기에 끼워 파는 것을 두 꾸러미를 사서 주며 집에 가져가라고 했다. 집에 오는 도중에 멍하게 하나 둘씩 떼어 먹었다. 집에 도착하니 달랑 두 개만 남았었다. 지금도 횟집 가서 제일 먼저 먹는 것은 멍게이다. 옛 맛은 찾을 수 없지만 젓가락이 먼저 간다.

친구들과 멍게이야기만 나오면 왁자지껄 시끄럽다. 나보다 한 수 위에 있는 친구가 있다. 그 친구는 "야~야~ 말도 말거라 나는 부엌에 멍게가 걸려 있는 것을 보았다. 멍게 위에 파리가 새끼를 까서 다닥다닥 붙어 있었는데, 그것을 탈탈 털어버리고 먹었는데 어찌 그리 맛있었겠노." 하는 소리에 한 바탕 옛이야기가 눈앞에서 향수의 꽃을 피웠다. 그때는 자연산 멍게였고 단단하며 맛도 있었고 향기도 진하였을 뿐 아니라 크기도 했다.

　아직까지는 내일이라도 만날 수 있는 친구가 지척에 있다. 모든 삶이 경지에 도달해서 살다보니 마음 가벼이 만나서 우정을 나눌 수 있다. 희한하게도 맛집에서 맛있는 것을 가족과 함께 먹으면 꼭 친구생각이 난다. 언제 기회 되면 친구들과 함께 와서 또 먹어봐야지 하는 마음은 왜 드는 것일까.

엄마, 도와주세요

 자식들 키워 내는데 해법을 구하기가 참으로 어렵다. 부모 노릇을 제대로 하려면 어떻게 해야 될까 고민도 하게 된다. 자녀가 성장하는 과정에 맞춰 부모교육 훈련과정도 이수 받으며, 자녀교육관련 된 곳에는 쫓아다니며 강의도 듣고 공부도 하였다. 그리고 아이들을 문화에 젖어들게 하기 위해 예술의 전당을 찾아가 뮤지컬공연을 보여주기도 했다.

 딸들은 교육하기가 부드러운 반면에 아들은 교육하기가 무겁게 느껴진다. 딸들은 집중력이 있는데 아들은 약간 산만함과 동시에 학원도 강제성이 따르면 바로 거부해 버린다. 교육방식을 대화로 많이 이끌며 '나 전달법'을 인용하려 하지만 세대 차이를 겪는다.

 오늘은 학교에서 돌아온 아들녀석이 "엄마가 나서서 도와주세요."라고 한다. 나는 깜짝 놀라며 물었다. 수학여행을 가는데 결손가정 친구 4명이 못 가게 되었단다. 함께 갈 수 있게 엄마가 나서 달라고 한다. 당황스러우면서 어떻게 이런 생각을 했을까 싶기도 하다.

학교 새마을어머니회 회장을 3년간 재임하면서 내 나름대로 열심히 하였던 적이 있다. 벽지 학교다 보니 낙후된 것이 많았다. 그래서 더욱 열심히 활동하였는지 모른다. 독서하는 어린이상도 세웠다.

합주부 아이들이 단체복 없이 출전하는 것을 알게 되었다. 애들 기죽이고 싶지 않아 의상실로 달려가 외상으로 맞춰 입혀서 내보내기도 했다. 다른 학교 아이들은 앙증스럽고 귀여운 단체복을 입는데 우리 학교 아이들은 그냥 나가는다는 것이 마음에 많이 걸렸던 것이다.

5월 5일 어린이날에는 결손가정 어린이와 반장, 부반장 어린이 등 100명을 우리 농장으로 초청하여 갖가지 음식과 딸기 치킨 등을 배부르게 먹이기도 했었다. 여러 가지 선물도 주었다. '꿈나무 어린이 잔치' 현수막을 내걸었다. 결손가정이라는 글귀가 아이들을 더 위축시킬 것 같았다. 그 글귀를 보고 군 복지과 이종환 과장님으로부터 칭찬도 받았다.

결손가정 아이들은 먹는 것에 집중하였다. 끝까지 앉아 먹는 모습을 보고 마음이 아팠다. 다른 아이들은 또래끼리 이리 뛰고 저리 뛰며 노느라 정신이 없는데 그 아이들은 먹는데만 집중하고 있었다.

　아들은 아마 6살쯤이었을 것이다. 그렇게 엄마의 사회활동을 보고 자라서인지 엄마에게 도움을 청했다는 것에 작은 전율이 일어난다. 떡잎 같은 중2이며 막내라고만 생각했다. 깊은 마음과 어려운 학교친구들 가정생활까지 파악하고 조그마한 것이라도 도와주고자 하는 마음이 기특하다는 생각이 들었다.

　나도 그랬다. 면사무소 복지계를 방문하여 서류상 문제 때문에 혜택을 받지 못하고 있는 아이가 있는지 알아보기도 했다. 복지계장님께서 평소 안타까운 실정을 훤히 알고 있었다. 평소 도와 드리지 못하고 있는 가정을 추천해 주었다. 찾아가 보니 오두막 초가집에서 꼬부랑 할머니가 손자를 키우고 계셨다.

　소식 없는 아버지가 있다는 이유로 혜택을 받지 못하고 있었다. 그 모습을 보자니 가슴이 아려왔다. 저 어린 손자를 어떻게 키울는지? 밥상도 없이 맨 바닥에 계란 프라이 하나 얹어 밥 먹는 어린아이가 눈에 밟히게 되었다. 금일봉을 전달하고 나오면서 많은 것을 생각하게 하였다. 바자회를 통해 기금마련에 최선을 다하게 되었다. 도시 아파트 친구에게 물품을 얻어와 집에다 두고 단돈 몇 천원에 팔기도 했다.

　그것이 부족하여 장날에는 어린이육영회 회원들과 생닭 팔기에도 나섰다. 그다음 무공해 비누를 만들기도 했다. 통닭가게

마다 찾아다니며 폐식용유를 수거하였다. 가성소다를 넣고 계속저어야 했다. 조심조심 신중하게 만든 비누도 품목에 들어 현금으로 탈바꿈 하였다. 티끌모아 태산이라고 계획만큼 성과를 이루었다. 한 가정마다 조금이라도 넉넉하게 도와 드릴 수 있어 무한한 기쁨을 맛보았다.

여러 곳에 봉사활동 다니기에 바빠 어린 아들과 놀아주지 못했다. 어쩌다가 쉬운 봉사활동에는 아들을 업고 다니기도 했다. 관내 어머니회 모임도 열성적이었다. 함께 동참하기 위해 아들을 데리고 다녔던 것이다. 참으로 신기하다. 그것이 알게 모르게 교육이 되었나 보다.

곧바로 반장 어머니께 전화를 했다. 자초지종 설명을 하고 만나기로 하였다. 두 누나들 학교생활에 기여를 많이 해서 아들 학교생활은 조용히 지내자고 마음먹었는데, 이렇게 또 아들 학교에 발을 디디게 되었다. 반장 어머니께 위임을 하고 여행경비를 보태드리고 왔다.

반장 어머니께서 적극적으로 모든 것을 해결해 주었다. 낙후된 아이가 한 명도 빠짐없이 전원 수학여행을 무사히 다녀오게 되었다. 담임선생님께서는 아들에게 "어머니께 감사하다."는 말을 전하라고 했단다.

아들은 중학교 배정받을 때부터 마음고생을 했다. 최상의 교육을 제공하기 위해 도시로 전학을 보냈는데 그렇지 못했다.

누나들은 집 가까운 곳에 배정을 받아 편안하게 학교를 잘 다니고 있다. 근데 아들은 집 앞뒤에 있는 학교를 모두 비껴나 멀리 배정을 받았다.

　그래서 통학버스를 타고 다녀야 했다. 제일 중요한 과정이 중학교인데 가족 모두 속도 상하고 갈등을 많이 겪었다. 다시 시골집으로 내려 보낼까 생각도 했다. 아니야, 부딪혀보자 남자애들은 군대도 가야하는데 생각하며 마음을 다잡고 현실을 받아들이기로 했던 것이다.

　그리고 입학하자마자 도시락을 두 개 싸달라고 했다. 짝꿍이 할아버지하고 살아서 도시락을 안 싸가지고 온다고 했다. 그 소리를 듣고 제 도시락을 통째로 짝꿍한테 건네주고 아들은 굶고 집으로 왔단다. 그뿐만 아니라 교복에 때가 많이 낀 채 입고 등교하는 친구에게 직접 빨아서 입고 다니라고도 했단다. 교복을 빨아 줄 사람이 없다고 해서, 그렇게 말을 하였단다. 친구 마음에 상처받지 않게 다정스럽게 이야기 하라고 일러주기도 했다.

　방과 후가 되면 나는 아들이 집에 있나 없나 전화로 확인부터 한다. 그러던 어느 날 아들이 전화를 받지 않는다. 옆집 아주머니께 전화를 해서 확인을 부탁을 해보아도 전혀 감감했다. 몇 시간을 온 정신을 곤두세우고 전화를 걸었지만 소식을 알 수 없었다.

결국 불안한 마음에 119에 전화를 걸었다. 아파트 문이 잠겨 있어 옥상으로 올라가 확인하기 위해 밖이 부산하자 그 소리에 아들은 깊은 낮잠을 깨고 말았다. 엄마의 애간장 타는 말을 듣고 곧바로 출동해준 소방서 아저씨가 너무 고마웠다. 이렇게 자란 아들이 속이 깊다는 것에 작은 감동이 일어난다.

예전처럼 아이들을 돌봐줄 할머니도 할아버지도, 삼촌도 고모, 이모도 없다. 오직 세 형제들만 지내며 학교에 다니고 있다. 농장 일이 바빠 못 올라가면 저네들끼리 생활을 한다. 입으로 가르치기보다 몸으로 가르치기 위해 도시로 오가며 아이들 뒷바라지하랴 무척 고달프다.

배낭에 아이들 먹을 음식을 잔뜩 담아 버스를 갈아타며 아이들한테 다녔다. 기계 다루는 것을 두려워했지만 어쩔 수 없이 운전을 배웠다. 도로에 나가기가 무서워 차가 뜸해진 야간에 차를 몰아 아이늘한테 간다.

내가 자라면서 부모로부터 자립할 수 있는 교육을 철두철미하게 받으며 살아왔다. 먹고 살기 힘든 시대였지만 우리 동네 모두가 자녀 교육에는 혈안이 될 정도로 대단하였다. 결과를 놓고 보면 많은 인재들을 배출했다. 교육시키는데 교육비만은 서로 빌려주며 유학을 보냈다. 상부상조 하며 살았던 부모님의 흔적이 기억난다.

예전교육을 생각하며 좀 엄하게 가르치고 있다. 아이들이 애처로워 그냥 넘기려 하다가도 마음에도 없는 것을 끄집어내어 연기도 한다. 부모가 교육을 잘못하면 아이가 낭떠러지로 추락하고 마는 것이기 때문에 그만큼 심혈을 기울였다.

  정말 할머니라도 내 아이들을 밤낮으로 지켜주는 분이 계신다면 좋겠다는 생각을 많이 한다. 그만큼 나의 체력이 발버둥친다. 큰딸이 그것을 알고 안마를 해주는데 너무 시원하다. 이렇게 또 큰딸과 대화를 하게 된다. 자녀들이 자랄 때는 대화가 중요하다. 자녀들과 대화하다가 막히면 '나 전달법'을 많이 쓰면서 하루하루를 살아간다.

  아들이 엄마가 나서서 도와달라는 말에 내 봉사정신이 되살아났다.

  나 또한 힘겹게 노를 저어가며 자녀교육에 힘을 쏟고 있다. 먼 훗날 자녀들이 원하는 꿈을 키우고, 삶을 행복하게 살기를 바라는 마음으로 오늘의 매니저 역할을 마무리하고자 한다.

(1999)

여자가 여자를 사랑할 때

 어릴 때부터 우정과 사랑이 남다른 작은딸이 고등학생이 되었다. 도시로 나가도 변함없이 친구들을 데리고 온다. 초등학교부터 그랬다. 시도 때도 없이 친구들을 몰고 왔다. 여자애들, 남자애들 가리지 않고 데리고 왔다.
 꼭 점심시간에 데리고 와서는 있는 반찬 없는 반찬 챙겨 먹이는 아이였다. 어쩌다 밖으로 내쫓을 마음으로 반찬이 없다고 하면, 쪼르르 친구들에게 달려가 "너희들 집에서 반찬 뭐 먹니?"라고 물었다. "김치에 고추장하고 먹는다."라고 하면 엄마 눈치는 보지 않고 김치, 고추장 퍼다가 친구들 챙겨 먹였다. 남자애들이라고 거리를 두거나 쑥스러워하는 걸 보지 못했다.
 그러던 딸애 입에서 남녀평등을 주장하는 것을 보고 깜짝 놀랐다. 이유인즉 신학기 때 반 편성을 할 때 왜 남자반은 꼭 1

부터 시작하는지 모르겠다고 한다. 12반까지 있는데 1에서 6까지는 남자반, 7에서 12까지는 여자반으로 편성된다는 것이다. 남자를 먼저 생각하니까 남자반부터 시작하지 않느냐고 한다. 초등학교부터 고등학교까지 그런 관습에 젖어온 나로서는 생각도 못했던 것이다.

중학교 때 어학연수로 미국을 다녀오기도 했다. 언어영역이 뛰어나서 좋은 경험을 할 기회를 맞았던 것이다. 전국적인 학생들이 모여 미국으로 건너가게 되었다. 한 친구가 용돈을 방에다 두고 나왔는데, 돌아와 보니 없어졌다는 것이다. 멕시코 아줌마가 청소를 했다는 것이다. 용돈을 몽당 잃어버린 친구를 돕기 위해 딸애가 나섰던 모양이다.

딸애가 제일 먼저 몇 달러 내놓으며 그 친구를 돕자고 선동을 했던 모양이다. 딸애가 경기도 아이들끼리 모여 돈을 모았다고 한다. 그것이 조금 부족하여 강원도 아이들 방, 전라도 방, 경상도 방, 충청도 방까지 돌아다니면서 모아가지고 그 친구에게 전해 주며 부모님 선물은 꼭 사가지고 가라고 했단다.

한국에 돌아온 후 전국 아이들한테서 전화가 걸려오기도 시작했다. 인솔한 선생님께서는 그 사실을 뒤늦게 알았다며 극진한 인사를 받기도 했다. 또 미국에서 레크리에이션 사회를 맡아보기도 하여 인기가 대단했던 모양이었다. 지금도 친구를 데리고 오는 것은 여전하였다. 고등학생 딸애한테 남학생들은 이성으로 받아들이기 쉬우니 조심하라고 했다.

　얼마 전에 전교 학생회 부회장에 출마를 했다. 결정을 하는 것은 친구들과 의논하였고 엄마인 나에게 통보만 한다고 하였다. 그때 나는 대학원에서 호주 연수 교육에 친정엄마 모시고 다녀오느라 정신이 없었다. 마침 지방 보궐선거까지 있어 그곳에 신경 쓰다 보니 깜박하고 있었다. 딸애가 발끈 하였다. 엄마가 내 엄마 맞느냐고 다짜고짜 따지고 들었다. 전교 부회장에 나가는 딸에게 관심 좀 가져 달라고 한다. 나는 부랴부랴 담임선생님을 찾아뵙게 되었다.

　출마 후보가 남자 1명 여자 1명이라 여학생들이 100% 밀어 주고 남학생들이 조금만 밀어 준다면 당선은 확실히 되겠다고 생각하였다. 내 생각과 달리 남편은 후보가 여러 명 나오면 당선 확률이 높은데 단독후보라 힘들 거라고 한다. 나는 그렇지 않을 것이라고 했다. 내가 고등학교 다닐 때는 무조건 여학생은 여학생만 밀어 주는 힘을 보여 주었는데, 무슨 소리냐고 반문하기도 했다.

　담임선생님께서도 당선이 힘들 거라고 하였다. 이유는 여자애들은 여자를 밀어 주지 않는다는 것이었다. 의아해 하며 여쭈어 보았다. 선생님은 웃으시면서 잘 생긴 딸을 낳았기 때문이란다. 잘 생기고 똑똑한 여자애들은 왕따를 당한다고 한다. 교직생활을 하면서 제일 안타까운 일이지만 여자는 여자를 밀어 주지 않지만 남자애들은 여자를 생각하면 끝까지 밀어 준다는 것이었다.

그리고 들리는 뒷이야기를 들어보면 선생님 말씀대로 남자반에서 용기 있는 남학생이 여학생 후보를 밀겠다고 공개적인 표현을 했단다.

혹시 그 남학생이 우리 딸애를 좋아하지 않는지 예민한 생각도 하게 되었다. 내 아이가 당선 되지 않았다고 서운한 것은 전혀 없다. 국가도 여성지위를 높여 주려고 하는데 여성이 여성을 밀어 주지 않고 지지해 주지 않으면 정치에 참여하는 수가 낮지 않는가.

UN에서 여성 지위척도가 100여 개 나라에서 우리나라가 꼴찌에 머무른다는 것을 우리나라 여성들도 관심 가졌으면 한다. 새로운 천년에는 여성의 시대라고 한다. 대학교 교수들이며, 경제학자들도 여성의 시대가 온다고 한다. 경제의 어려움을 해결하고 나아가야할 사람은 여성이라고 주장한다.

여자는 태어날 때부터 질투가 있는 것이 아니라고 생각한다. 앞으로 여성도 직업을 가져야할 시대가 왔다. 그러자면 여성이 여성을 사랑할 때 여성들이 사회로 많이 진출하리라 믿는다. 여성의 머리에서 창의적이고 능동적이며 남자 못지않게 열심히 일한다면 선진국으로 한발 더 빨리 나아가리라 생각한다.

내가 가장 존경하는 분은 '고 육영수' 여사님이시다. 그분의 활동하시는 모습과 행동을 보고 듣고 자랐기 때문이다. 그 다음은 '고 박순천' 여사님이시다. 고 박순천 여사님은 국회의사당에서 옳고 그른 말씀을 하셨다고 한다. 여성이 정치하기 너무나 힘든 시대였다. 그 속에서 여장부답게 옳고 그름을 당당하게 말씀하였던 것이다. 특히 잊을 수 없는 명언이 있다. "암탉이 울면 집안이 망한다."라고 하면서 '고 박순천' 여사님의 기를 꺾으려고 하였으나 "암탉이 울어야 알을 낳는다."라고 말씀하셨단다. 우리 여성에게 희망의 메시지를 던져주신 말씀이다. '암탉이 울면 집안이 망한다'며 얼마나 여성을 억압하고 무시하며 살아왔는가. 그렇기 때문에 더 감동적으로 받아들였는지 모른다. 나 또한 그 말씀을 많이 인용하며 살고 있다 해도 과언이 아니다. 청소년 때부터 그렇게 멋지고 훌륭한 여성 지도자 덕분에 용기를 잃지 않고 어두운 곳을 찾아 봉사도 하며 내 인생을 걸어가고 있다.

'영원한 퍼스트레이디' 엘리너 루스벨트, 미국 PBS방송 특집 다큐멘터리로 방송되었다고 한다. 그것도 두 시간 반짜리 '여장부'라는 타이틀로 말이다. 우리나라도 많은 여장부가 있다. 21세기는 여성의 시대라고 말로만 하지 말고 역사적인 여성의 발자취를 발굴하여 다큐멘터리를 방송할 수 있어야 한다.

남의 나라에서 보도 되는 것을 자랑하지 말자. 며칠 전 김강자 경찰서장님의 '미성년 매춘 전쟁' 선포에 깜짝 놀라기도 했다. 이것은 여성만이 해결할 수 있는 일이며 대단한 용기이며 사회기강을 새롭게 잡는 훌륭한 일을 했다고 생각한다.

 딸을 가진 부모들은 딸의 귀가 시간이 늦어지면 불안하다 못해 애간장을 녹이는 고통을 겪으며 살고 있다. 미성년자는 고귀한 인간의 보물이다. 기성세대가 가꾸고 키워주지 않는다면 누가 해 주겠는가.

 남성들도 의식을 바꿔야 한다. 여성을 성노리개로 생각하면 안 된다. 여성들이 여성을 사랑할 때 발전할 수 있을 것이라고 본다. 또 내가 변해야 한다. 남이 변해 주기를 바라지 말고 내 스스로 변화된 모습을 보여 주자. 우리의 딸자식들이 사회에 나가면 당당하게 멋진 세상을 펼치며 살기 좋은 나라를 만들지 않을까 싶다.

(1999)

4.
무표정 시대

여 행

올 여름에는 유달리 비가 많이 내리고 이상기온까지 겹쳐 우리의 삶을 딱딱한 게딱지처럼 만들고 있다. 계절의 변화 속에 어김없이 찾아오는 여름방학이 왔다. 작년 여름에는 불경기 극복하자며 조용히 보냈다. 올해는 여름방학이 되자마자 세 아이들 극성이 대단하였다. 아무리 핑계를 구상하여도 안 되겠구나 싶은 생각이 들었다. 방학의 목적을 거론하며 또한 현장학습 공부도 할 겸 해상 국립공원으로 떠나자고 했다. 사회 성적이 부족한 아이들에게 견문을 넓힐 겸 의견을 모아 계획대로 실천하기로 하였다. 가정형편상 남편과 갈 수 없는 안타까움을 접어두고 일주일간 여행 목표를 세웠다.

첫째 방문은 외가댁을 방문하기로 하였다. 자식을 낳고 살아도 생생하게 기억되는 것은 할머니의 따뜻한 사랑이다. 부드러운 말씀, 헌신적이며 감싸주는 진실한 사랑은 그렇게 달콤할 수 없었다. 그 경험을 아이들에게 선물하고 싶은 것이다.

13년의 결혼생활 중에 첫 나들이인 셈이다. 아이들은 들떠 있었다. 나 혼자서 아이들 셋을 데리고 떠난다는 것이 두려웠지만 과감하게 부산행 열차표를 예매를 했다.

날짜가 다가오자 아이들은 밤잠을 설치고 준비물 챙기느라 야단법석이었다.

떠나는 날 아침 "용돈 많이 주세요."라는 내 말에 남편의 대답이 시원하지 않다. 그러나 딸들은 다르다. "아이, 아빠 아주 오랜만에 여행 가잖아요."라며 애교를 부린다. 아빠한테 인사를 유머러스하게 하는 것을 보니 내 마음도 덩달아 철썩철썩 파도를 친다.

살다보니 농장생활에 얽매여 아이들과 함께 놀아주지 못한 일이 어디 한두 가지랴. 나 역시 어디론가 불쑥 떠나고 싶어도, 아이들 걱정에 여행의 충동을 접어야 했다. 남편이 바깥일에 몰두하여 가정을 돌아보지 않을 때는 혼자 떠나고 싶을 때도 있었다.

수원역에 도착하자, 흥분된 아이들은 배가 아프다 머리가 아프다 야단이었다. 소화제로 안정시키고 열차에 몸을 실었다. 아이들이 즐거워하며 좋아하니까 내 마음도 흐뭇함에 벅차왔다. 자리에 앉아마자 호기심 발동이 시작되었다. 두리번거리다가 "엄마, 엄마, 기차 안에 화장실이 있네, 식당도 있네. 엄마 화장실에 사람이 들어가면 빨간 불이 들어온다."는 등 한동안 떠들고 나더니 옆 좌석으로 눈길을 돌렸다.

나지막한 목소리로 "엄마, 저 사람들이 여자야, 남자야? 머리 좀 봐~ 이상해. 왜 저렇게 해가지고 다니지?"라는 질문이 쏟아졌다. 유심히 바라보니 여학생 4명 남학생 1명인데 모두 대학생 같았다. 머리모양이 가지각색이고 남학생은 여자처럼 어깨 밑으로 내려와 있었다. 또 한 여학생은 긴 머리를 풀고 있었고 두 여학생은 짧은 머리 뒤에 쥐꼬리처럼 몇 가닥 노란 고무 밴드로 묶고 있었다. 요지경 같은 모습으로 카드놀이에 빠져서 웃고 떠든다. 아이들에게는 태어나서 처음 보는 풍경이다. 시골에서는 구경할 수 없는 모습인 것이다. 아직까지는 개개인의 개성과 유행의 물결을 이해하기에는 어린 나이다.

때마침 음료수 장사가 오징어와 빵을 잔뜩 담아 밀고 들어왔다. 눈이 휘둥그레지면서 "기차 안에서 장사하는 아저씨도 있네." 하면서 사달라고 하였다. 먹을 만한 것만 골라 사서 주고 나니 조용해졌다. 큰아이는 동화책을 꺼내 읽고 있었다. 그러다가 모두 깊은 잠에 푹 빠져들었다. 자는 모습이 참 어여쁘다. 그동안 여행할 여유도 없이 살았나 싶다.

부산역에 도착하자 우린 제일 먼저 용두산 공원으로 갔다. 평화를 상징하는 비둘기들이 아이들을 반겼다. 모이를 사서 바닥에 뿌려주자 비둘기 떼들이 모여들었다. 신기해하며 비둘기하고 노느라 정신이 없다. 아이들 노는 모습을 사진에 담았다. 아직까지 너무 착한 내 새끼들이다. 공부도 잘하고 부모 말도 잘 듣고 세상 어디에 내세워도 빠지지 않는 아이들 모습을 보니 세상에서 내가 제일 행복하게 느껴진다.

　남해로 가는 배편 시간 때문에 아이들을 재촉하여 부산항으로 발길을 옮겼다. 크고 작은 배들을 보자 아이들은 환호를 했다. "무슨 배가 저렇게 많아요? 무슨 배가 저렇게 커요?" 우리나라 제1의 항구도시이고 수출 수입도 이곳으로 운반되는 큰 항구라고 말하였다. 한려해상 국립공원 현장학습을 가자며 아담한 여객선에 몸을 실었다. 난생처음 타 보는 배라며 좋아했다. 배가 어떻게 뜨느냐며 또 질문을 시작하였다. 통영 앞바다는 굴양식을 많이 한다. 실제로 굴 양식하는 바다를 보고 신기해하였다. 경기도에서는 볼 수 없는 광경인 것이다. 드디어 목적지인 남해 노량 앞바다에 도착하였다.

　남해 충렬사를 견학하기 위해서였다. 조선시대 임진왜란이 끝나던 해 노량해전에서 순국하신 충무공 이순신의 넋을 기리기 위해 세워진 사당이 있다. 그곳은 이 충무공의 시신이 안장되었던 곳이기도 하다. 그래서 지금까지 가묘가 남아 있다. 현재는 충남 아산 현충사로 옮겨갔다고 한다. 충렬사에 도착하여 향을 피우고 묵념을 올리자고 하였다. 막내는 왜 묵념을 해야 하느냐고 묻는다. 나라를 위해 왜적과 싸우시다가 순국하신 분이기 때문에 누구나 묵념할 수 있다고 했다. 부족하나마 간단한 설명을 하였더니 알겠다고 하였다.

외가에 방문을 하니 할아버지, 할머니는 좋아 어쩔 줄 몰라 했다.

"아이구, 내 새끼들 왔구나. 온다고 고상 많았제. 온 김에 푹 쉬었다가 가거래이~."

특이한 사투리에 아이들은 어안이 벙벙한 모습이었다. 남해 앞바다 갯벌에 가서 쏙 잡는 것도 체험하였다. 갯벌에 걸어 다니기란 여간 힘든 것이 아니다. 갯벌에 빠지면 나오기가 어렵다. 그곳에서 놀게 했으니 온통 갯벌투성이가 되었다. 몸과 얼굴은 뻘겋게 탔다.

7일간의 여행을 그렇게 마치고 내 삶의 터전으로 돌아오게 되었다. 무더위 속에 대중교통을 이용하며 아이들을 데리고 다니는 게 여간 힘든 일이 아니었지만 아이들과 밀착된 시간이 최고로 즐거웠다. 아이들에게는 소중한 추억이 되리라 생각한다.

지금처럼 늘 책을 가까이하여 마음의 자양을 살찌우고 학문에 몰두하여 제 꿈을 펼치고, 성실하고 올바른 친구를 두어 복된 삶만 줄줄이 엮어갔으면 좋겠다. 푸르게 빛나는 나무들처럼 건강하게 자라주기를….

(1992)

복덩이

 2016년 12월 8일 첫 손주가 탄생하였다. 한국이 아닌 캐나다 밴쿠버에서 태어났다. 손주를 마중하기 위해 떠날 준비를 했다. 딸애의 만삭된 몸이 안 좋다는 소식을 접하고 얼마나 걱정이 되는지 잠을 이룰 수가 없었다.
 도저히 가슴이 벌렁거려 살 수 없어 신경외과에 가서 상황 설명을 하고 약을 지었다. 의사 선생님은 "아이를 셋이나 낳고 그렇게 걱정하느냐?"고 핀잔을 준다. "어찌 걱정이 안 됩니까? 임신 중독으로 몸이 통통 부어 있는데요." "아! 그것은 출산하면 없어지고 정상으로 돌아옵니다."라고 한다.
 참! 남의 이야기라 그렇게 쉽게 하는 것인지, 의사 선생님이라 그러시는 건지, 남자라 그러는 것인지 아무리 그렇게 말씀하여도 어미의 마음은 공중에 붕 떠서 불안하고 초조했다.

나는 딸자식을 잘 키워 보겠다는 애착이 남달랐다. 공부에 대한 집착은 더욱 강했다. 딸들도 공부를 잘했다. 특히 이 딸은 한문을 잘하였다. 한문덕분인지 모르지만 대학을 가서 중어중문학을 전공하였다. 중국 칭다오 해양대학 교환학생으로 두 번이나 다녀왔다. 세계중국어말하기대회에 나가서 2등도 하였다. 자기보다 못하는 미국 학생에게 1등을 주어서 찾아가서 따졌다고 한다. 모국어처럼 중국어를 했기 때문에 너무 억울하였단다. 심사위원이 한 말을 듣고 우리나라도 잘 살아야 한다고만 했다. 그런 딸에게 나는 희망도 많이 걸었다. 뭔가 한 인물 할 것이라고 기대가 없었던 것은 아니다.
　그러던 중 캐나다 퀘벡 총각을 만나서 결혼하였다. 중국에서 교육사업에 뛰어들었다. 학생들을 잘 가르친다는 입소문이 나자, 잘 될 것 같다는 희망에도 부풀어 있었다. 학생만 잘 가르친다고 되는 것이 아니었다. 성숙한 어른들을 막아낼 재간이 없는 아이들은 가슴에 상처와 애환을 남기고 접어야 했다. 사위가 똑똑하고 머리 있다는 것을 판단한 딸애는 결정 내렸던 것이다. 사위를 영원한 선생을 만들기 위해 설득하였다. 마침 사위의 모교에서 스승자격을 갖출 수 있는 기회가 와서 캐나다로 공부하러 떠났다. 한국이 좋아 한국에서 살고 싶다는 사위는 어쩔 수 없는 결정을 하였다.
　사위는 다시 모교에 들어가 선생님이 되는 과정을 공부해야 했다. 첫 단계 시험이 한국의 임용고시만큼 어렵다고 한다. 다행히 그 시험에 합격하였다. 1년 동안 스승으로 자격을 갖추었는지, 실력이 되는지 어렵고 어려운 공부를 시작하였다. 캐나다 시댁에서는 전혀 도와줄 리 없었다. 며느리가 동양인이라 썩 달갑지 않게 생각했을 수도 있다. 보이지 않는 서러움이 있었을 것이라는 생각이 드는데 딸은 구체적인 이야기는 하지 않았다. 시어머니께서 아들 고생시킨다고 말하였단다.

사위는 주말이면 호텔에서 알바를 하고, 딸은 식당에서 알바하면서 꿈을 이루기 위해 피눈물 나는 고초를 겪었다. 방세에다가 생활비까지 충당하려면 보통 정신이 아니면 견디기 힘들었을 것이다. 식량이 떨어지면 모교 한 모퉁이에서 배급하는 '난민촌'에 가서 음식을 얻어다가 먹으면서까지 남편을 공부시킨 것이다. 추위를 많이 타는 딸애는 캐나다 오타와에서 처음 겪은 강추위와 생존의 추위를 잊을 수 없을 것이다. 젊어서 고생은 사서 한다는 말이 있듯이 젊었기 때문에 가능했던 것이다.

캐나다로 떠나는 것을 반대도 많이 했다. 한국에서 학원하면서 살아보자고 했지만 삶의 비전이 없다는 등 복지가 잘되어 있는 곳에서 살겠다는 것이다. 2세를 어떻게 키워야 하는가도 생각해야 된다는 등 자신들의 앞날의 계획과 포부를 밝혔다. 한번 하겠다고 마음먹으면 꼭 해내고야마는 딸자식의 고집을 꺾을 수 없었다. 분명히 떠나면 고생할 것임이 눈에 보였지만 잡을 수 없었다. 꿈을 가지고 있는 젊음을 응원할 수밖에….

부모들도 힘든 세월을 살아왔기 때문에 자식은 고생시키고 싶지는 않았다. 사리 분별력이 뚜렷한 딸아이를 그렇게 보내놓고 마음 또한 많이 아팠다. 결혼시키면 그만이라지만 요즈음 세상은 나 몰라라 할 수 없지 않은가. 한국에서도 자나 깨나 딸자식 걱정과 경제적인 문제를 놓고 시름하면서 살았다. 그런데 사위는 고맙게도 열심히 공부를 하였다. 그 힘든 노력이 헛되지 않게 실력을 발휘해 주었다. 수석이라는 졸업장을 자랑스럽게 받게 되었다. 2개의 졸업장과 함께 바로 밴쿠버교육청 소속이 되었다. 지금은 중등학교에서 아이들을 가르치고 있다. 학교장님을 비롯하여 학생, 학부모님들에게까지 인기가 좋다.

5년 만에 아기를 걱정하지 않고 가졌다. 그런데 날이 갈수록 딸애가 힘들어 한다는 것을 알게 되었다. 가슴이 조마조마했다. 의사선생님 말씀처럼 애를 셋이나 출산하여 길렀지만 이렇게 걱정하지는 않았다. 소중한 생명이 무사히 태어나기만을 간절한 기도로 내 마음을 다스리며 살아왔다.

출산하는 날에 맞춰 비행기 티켓을 예매해 두었다. 퉁퉁 부은 딸의 몸 사진을 바라보면 가슴이 철렁했다. 병원에서도 긴장하며 집중관리에 들어갔다고 한다. 남편도 무척이나 걱정이 되었는지 빨리 가라는 재촉이 빗발쳤다. 비행기 위약금을 물어가며 날짜 변경을 하고 서둘렀다. 남편 또한 딸자식 마음을 안정 시켜주기 위해 매일 보이스톡을 한다. 출국하는 날 딸에게서 전화가 왔다. 양수가 터졌다고, 빨리 병원가라 해놓고 공항으로 갔다. 예정일보다 한 달이나 앞당겨졌다. 비행기로 가야만 하는 먼 곳에서 살고 있으니 애간장만 태우며 시간을 보냈다.

　탑승자 대기실에 누워 있는데 저녁 8시 10분에 무사히 출산을 했다는 연락이 왔다. 산모도 아기도 모두 무사하단다. 숨을 편안하게 쉴 수 없을 정도로 뭔가가 몸을 칭칭 감고 있던 것이 확 풀어지며 몸이 날아갈 듯 가벼워졌다. 9시간 이상 날아가는 비행기 내부가 화창한 봄날처럼 따뜻하게 나를 감싸는 것 같았다.

　손주의 배냇냄새를 맡는 순간 잔잔한 감동이 일어났다. 건강하게 태어나서 배냇짓하며 씩 웃기도 하였다. 엄마의 몸이 안 좋다는 것을 알고 서둘러 태어난 것 같아 기특하다는 생각이 들었다. 머리도 예쁘고 귀도 예쁘고 입술 또한 더 예쁘다. 인중은 뚜렷하여 잘 생겼다는 것이 한눈에 들어왔다. 이렇게 잘 생긴 복덩이가 어디서 왔나 싶다.

　모유가 넉넉하지 못하여 우유를 먹이는데 잘 먹었다. 2시간마다 깨어나서 먹을 것을 달라고 보챘다. 우유병 젖꼭지가 입술에 닿으면 확 낚아채어 빨아 먹는 모습이 신기하였다. 사위는 갓난 딸애의 우유 먹는 모습을 보고 오! 오!~ 감탄을 연발하였다.

　배앓이를 하는데 세상에 울지도 않고 '아이고 배야~' 하듯 인상만 길게 쓰고 있었다. 고통이 심하다 싶으면 앙~앙~ 소리 내어 울었다. 울음소리 또한 우렁찼다. 울음소리만 들어도 뭔가 큰일을 해낼 인물 같다는 생각에 아이의 고통보다 기쁨이 솟구쳤다.

30일 동안 그렇게 첫 손주와 함께 지내다가 한국으로 돌아와야 했다. 딸, 사위보다 손주 때문에 발걸음이 떨어지지 않았다. 손주는 삶의 활력소가 되었다. 요즈음은 카톡으로 동영상과 사진이 매일 올라온다. 가까이 산다면 뛰어가도 수십 번은 뛰어갔을 것이다. 딸애도 모성이 강하다. 산후회복이 빠르지 않아 힘들어 하면서도 끝까지 모유를 고집하고 있다.

우리 복덩이는 모유와 우유를 겸용해서 잘 먹으며 자라고 있다. 이제는 엄마를 잡아놓고 잘 줄도 안단다. 잘 때는 앙증스런 다리를 엄마한테 턱 걸친단다. 살그머니 빼보면 다시 걸친단다. 잠을 자고 일어나서 울지도 않고 혼자서 옹알이를 하고 있단다. 성가시게 굴지도 않는단다. 배만 부르면 만사가 오케이란다. 어쩜 제 다리를 잡고 뭐라고~ 뭐라고~ 하면서 잘도 논다.

매일 손주 동영상 보는 재미로 산다. 벌써 7개월이 지나가고 있다. 웃는 모습이 너무 깨끗하다. 눈망울 또한 너무너무 맑다. 까르르 웃으며 장난감 만지는 것도 능수능란하게 만진다. 예사로이 보이지 않는다. 특히 거울에 비친 제 얼굴을 자꾸만 들여다보는 모습은 보는 이로 하여금 웃음을 자아내게 한다. 한국 할머니라고 하면 가만히 듣는 것 같다.

복덩이가 태어나면서 집도 분양을 받았다. 3층 집을 분양받아 내년 5월이면 이사를 간다. 캐나다에서도 스승이 되기가 너무 힘들다고 한다. 퀘벡 사돈집을 빛낼 아들로 거듭나게 한 딸에게도 찬사를 보내고 싶다.

요 몇 년 동안 마음고생이 너무 많았다. 그 고생들이 우리 복덩이 탄생으로 모두 사라졌다. 너무 예쁘다. 첫 손주라 우유값을 보내주고 싶었다. 1년 동안 보내주기로 내 마음과 약속을 했다.

세계에서 제일 맛있는 우유를 사서 먹이라는 할머니 마음을 전달하였다. 그 기쁘고 감사한 마음을 이렇게라도 하고 싶다. 크다면 크고 적다면 적은 돈이다. 그러나 복덩이 탄생이야말로 내겐 말로 표현할 수 없는 큰 기쁨이기에….

울밑에 선 봉선화

산다는 것은 무엇인가?
누군가가 세월이 약이라고 했던가. 요즈음 나는 무심한 세월이 약도, 병도 아닌 것을 새삼 깨닫는다. 지난 일이 내 기억 속에 푸른 이끼로 남아 간혹 선명하게 떠오르기 때문이다.
화성시에 몇몇 무료 양로원을 매년 한두 번씩 떡, 과일, 과자를 준비해서 순례자처럼 위문공연을 다녔던 적이 있다. 내가 평소 꾸준하게 하고 싶었던 봉사였다. 그러나 지금은 건강 때문에 모든 활동을 접고 고요한 연못처럼 산다.
내가 맡아서 활동하던 민요합창단원은 중년을 훨씬 넘긴 여성들로 구성되어 있었다. 민요는 민족의 노래다. 서민 속에서 자연스럽게 생겨나 오랫동안 구전으로 내려오는, 민중의 감성이 소박하게 반영된 전통음악이다. 쉬울 것 같은데 배우면 배울수록 어려운 반면에 들으면 들을수록 흥이 나는 가락이 민요다. 게다가 가사는 감동적인 내용이 많다.

  몇 해 전 이른 봄, 비봉면에 있는 양로원에 위문공연을 갔었다. 처음 방문했을 땐 마음의 문을 쉽게 열지 않는 노인분들이 많았다. 우리가 멋진 공연을 해드리겠다고 해도 어쩔 수 없이 구경하는 정도였다. 하지만 여러 차례 찾아가다보니 딸자식 반기 듯 좋아하며 자주 오라는 부탁까지 하셨다.

  우리 봉사단은 노래를 썩 잘 부르지 못했다. 딸들이 엄마 앞에서 하듯 어설프게 반 건시 곶감처럼 말랑말랑하게 불렀다. 그래서 친근감이 더욱 갔는지 나중에는 무리 없이 공연을 받아들이며 웃고 박수도 치는 것이었다. 우리가 막무가내로 찾아가서 공연을 한 것은 아니었다. 나름대로 프로그램을 만들어서 진행하였다. 사회도 잘 보면서 노래도 잘하는 민요 강사님을 모시고 노래하다 보면 우리의 부족한 면도 살짝 감추어지고, 듣는 사람은 흥이 절로 나게 마련이었다. 공연이 끝나면 장기자랑 시간을 만들어서 한 분씩 나오셔서 노래도 부르게 하였다.

  할머니 한 분이 흥에 겨워 우리 춤을 멋들어지게 추셨는데 동작 하나 하나가 예사롭지 않았다. 또 한 분은 '선구자'를 부르시는데 성악가 못지않은 목소리도 가지고 있었다. 이미자의 '여자의 일생'을 부르실 때는 우리 모두가 숙연해지기도 하였다. 또 '노랫가락'에 작사를 하여 불렀는데 그 가사는 우리들에게 고맙다는 내용이라 가슴이 뭉클하였다. 그런데 휠체어를 타고 나오셔서 봉선화 노래를 너무 잘 부르는 할머니가 계셨다.

"아름다운 꽃송이들 모질게도 침노하니, 낙화로다 늙어졌다 네 모양이 처량하다."

아주 낭랑한 목소리로 불렀는데, 우리 단원 모두 소리 없이 눈물바다를 이루었다. 그 노래 가사가 할머니께서 살아오신 삶을 고스란히 얘기하듯 들리는 것은 왜였을까? 아니면 같은 여성이라는 공감 때문에 그렇게 눈물이 펑펑 쏟아졌는지. 특히 가사 내용 중에 '네 모양이 처량하다. 너를 반겨 놀았도다. 낙화로다 늙어졌다.'라는 가사가 왜 그렇게 슬프게 들렸는지 모른다.

진정한 봉사자는 소리 없이 움직인다는 철학을 가지고 25년 동안 안 해본 것 없이 봉사하는 동안 이렇게 가슴이 다 녹아내리는 눈물을 흘린 적은 없었다. 봉숭아 잎이나 꽃술을 짓찧어서 손톱에 물들이면 아름다운 빛깔이 선명하게 나타나 사랑스럽게 보이는데, 할머니에게는 어떤 슬픈 사연이 있었는지 아니면 노래를 좋아해서 불렀는지 모르지만, 우리 단원들에게는 두고두고 잊지 못할 추억이 되었다.

나이가 들면 기력이 없어지고 병들게 마련이다. 보살펴줄 가족이 없거나 갈 곳이 없으면 무료 양로원에서 생을 마감한다는 것도 알게 되었다. 그곳에는 특히 유능하신 어르신들이 많았다. 시대 탓으로 제일 고생을 많이 하신 어르신들이다. 국가와 사회를 위해, 아니면 가정을 위해 헌신적으로 봉사를 하면서 사시지 않았나 생각되었다.

그 공연 후 우리 모두 크나큰 감동을 받았다. 가정에서 살림만 하고 살다가 사회의 어두운 곳을 체험한 단원들은 지금도 가끔 위문공연을 가자고 하는 분들이 계셨다. 특히 나이가 좀 드신 병희, 태자, 동숙 형님들은 자금을 선뜻 내놓으면서 봉사하러 가자고 하였다. 정이 많은 그분들과 여러 양로원을 다니며 봉사활동을 한 세월이 소생하듯 새롭기만 하다.

나도 늙어가고 있다. 나는 베이비붐 시대에 태어나 가난을 먹고 자랐다. 그 가난을 극복하면서 자식들에게 공부시키는 일만은 소홀하게 하지 않으셨던 내 부모님의 은혜를 생각하게 된다. 그분들은 모두 이 세상 사람이 아니다. 내가 봉사활동으로 양로원을 찾는 이유는 자식으로서 효행을 못했기 때문이기도 하다. 나는 아버지에게 너무너무 죄송하다는 생각이 들 때가 많다. 그럴 때면 나도 모르게 눈물이 주르르 흘러내린다. 아버지는 자식으로부터 환갑잔치를 받고 싶어 하셨다. 동네 친지들에게 소박한 술 한 잔 대접하고 싶었고, 자식들이 해주었노라 자랑도 하고 싶어서였다. 자식에게 난생처음 본인의 의사를 표시하셨는데 나는 딸이라는 이유 때문에 적극 나서지 못하다가 결국 그 뜻을 들어드리지 못한 불효를 저지르고 말았다. 서운해 하시는 아버지께 칠순잔치는 꼭 해 드리겠노라 결심하고 말씀드렸건만 칠순이 되던 정월달에 그만 세상을 떠나시고 말았다. 아버지를 땅에 묻고 돌아서서 복받쳐 오르는 회한으로 입을 막고 눈물만 펑펑 쏟아냈다.

그 후 아버지께 지은 불효를 조금이라도 씻으려는 뜻으로 떡 한 가마니를 비롯한 음식을 준비하여 화성시 어르신 600명을 초청하였다. 배뱅이굿의 무형문화재인 이은관 선생님을 모시고 우리 가락 한마당 잔치를 시청 대강당에서 해드렸다. 어느 한 자리에 그리운 아버지도 앉아 흐뭇한 모습으로 지켜보시리라 상상하며.

부모님 청을 들어드리지 못한 아쉬움은 나이를 먹을수록 커지고 있다. 우리 동네 어르신들은 나에게 자식 대하듯 하며 사랑을 낳이 주신다. 나는 그분들이 살아계시는 동안 무엇이든 해드리고 싶었다. 그래서 매년 초복은 나의 날로 정하고 동네 어르신들께 복달임을 해드린다. 닭을 오십 여 마리 사오면 부녀회에서 나의 마음을 씻어주듯 적극적으로 음식을 만들었다. 동네 어르신들이 부모님의 빈자리를 채워주고 있지만 언제 떠나가실지 모른다.

매년 여름 우리 집 대문 안쪽에 스스로 피고 지는 봉선화 꽃을 보면서 무료 양로원을 의지하며 여생을 보내는 할머니들을 생각한다. 산다는 것이 뭔지. 사랑하는 가족들이 없는 차디찬 공기만 맴도는 벽을 벗 삼아 살아온 세월들을 꾹꾹 누르며 지내야만 하는 그분들의 노랫소리가 봉선화 꽃 속에서 흘러나오는 것만 같다.

혈 육

 핏줄을 이어 받은 자손이 태어나며 잔잔한 감동이 물결친다. 내 등짝에서 크고 내 품에서 자라던 동생이 장가를 가서 딸과 아들을 낳았다. 내가 처음 맛보는 새로운 혈육이다. 무조건 예쁘고 귀엽기만 하다.
 우리 큰고모님은 수박농사를 많이 지어 장에 내다 팔았다. 친정 조카들이 얼마나 예쁘고 사랑스러웠는지 수박을 팔고 난 후에, 무거운 수박을 머리에 이고 우리 집에 자주 갖다 놓고 갔다. 그때는 고모의 깊은 마음을 몰랐다. 막상 나에게도 조카가 탄생되어 가족 수가 늘어나고 세월이 가다보니 큰고모의 마음을 알 것 같다.
 오늘은 그 조카가 어느새 자라 초등학교에 입학을 했다. 뭔지 모르게 가슴속에서 울렁거리는 것이 있었다. 조카딸에게 전

화를 했다. 고모가 "우리 연숙이 초등학교 입학을 축하한다."고 했다

"고모 축하가 뭔데?" 앙증스럽게 물어왔다. "즐겁고 기쁘다는 것이다."라고 했더니 "응! 나는 안 즐거운데." 한다.

왜 그러냐고 물었다. 우리 예쁜 연숙이는 무슨 일로 안 기쁘고 속이 상했을까? 어린 아이의 뜻밖의 대답에 궁금증이 발동하였다. 그리고 장차 커서 뭐가 되고 싶을까? 물어보면서 말을 자꾸 걸었다.

그러자 "선생님" 하고 대답하면서 말문을 열기 시작하였다.

"고모! 아빠가 입학식에 안 와서 속상했어."라고 한다. 순간 어린 마음이 내게 확 펴져왔다.

아빠가 오기로 약속을 했단다. 그런 아빠가 나타나기를 기다렸던 것이다. 끝내 나타나지 않는 서운함이 가라앉지 않았던 것이다. 그 마음이 집에까지 왔는데도 가라앉지 않고 마음속에 남아 있었던 것이다.

딸아이들은 다르다. 아빠의 사랑을 많은 사람들 앞에서 자랑하고 싶었던 것인지. 아빠의 약속을 기다렸던 것인지. 어리고 어린 조카딸의 마음을 알 수 없었다.

그 마음을 풀어 주고 싶었다. 밤낮없이 회사 일을 내일처럼 몰두하며 살고 있는 동생이다. 스트레스를 너무 많이 받아 위가 아프다고 한다. 그런 동생의 딸에게 멋진 말을 해주고 싶은

데 도무지 생각이 나지 않았다.

다만 "아빠 회사일이 너무 바빠서 못 갔을 거야." "아빠도 못 가서 너무너무 속상했을 거다." "우리 예쁜 연숙이가 이해해 줘~."라고 단순한 말만 했다.

그러자, 근데 "고모 이해가 뭔데?' 물어온다. 사리 분별과 일의 이치를 잘 모르는 미숙한 초딩과 대화를 나누다가 말문이 막히고 말았다. 내 아이들 키울 때하고 차이가 많이 났다. 요즈음 아이들은 너무 영특하고 묻는 것도 많다.

형제들이 있지만 유일하게 나하고 가까운 곳에 살며 왕래도 자주하다 보니 정이 돈독하다. 내 자식처럼 관심도 갖게 되고 서로 챙겨주며 살게 되었다. 언젠가 어린 조카 녀석이 너무 많이 아파 내 정신을 쏙 빼간 적도 있다. 무사히 큰 고비를 지나고 잘 지리고 있다.

혈육 또한 텔레파시가 작동하며 보이지 않는 연결고리가 있다는 것도 경험하게 되었다. 그 동생이 군대를 갔을 때 일이었다. 수원에서 농장을 하다가 조암으로 이사 오게 되었다. 휴가를 얻어 수원농장으로 와 보니 모두 이사 가고 텅 비어 있었단다. 조암으로 이사를 갔다는 이웃사람 이야기만 듣고 그 길로 누나를 찾아 나섰던 것이다.

어둠은 찾아오고 말았다. 캄캄한 어둠에서 어찌 찾을 수 있었겠는가. 어려울 것이라 생각하고 여관방을 얻어 누웠단다.

그래도 다시 한 번 더 찾아 보자라는 생각에 벌떡 일어나 시내를 방황하게 되었단다.

그때 나는 농장 이사하느라 몸살이 나고 감기기운이 있었다. 웬만하면 약을 먹지 않았는데 그날따라 약을 먹어야 될 것 같았다. 남편 오토바이를 타고 조암시내 약국에 갔다. 서너 개 약국이 있는데 하필이면 그 약국을 찾게 되었다. 약을 지어가지고 막 나오는데 동생과 딱 마주치게 되었다.

얼마나 놀랐는지 모른다. 돈 한 푼 없이 누나를 찾아 나섰던 것이다. 군대는 남자를 강하게 만들고 또 인생을 탐험할 수 있게 하고 자신감을 길러주는 것이 분명하였다. 지금도 그 알 수 없는 텔레파시는 잊히지 않는다.

지금은 참으로 고생하고 있다. 육가공을 선택하여 살아 보기 위해 발버둥치고 있다. 눈물겹다. 내가 고생하고 사는 것은 당연한 것처럼 느껴지는데 동생이 고생하는 것은 어찌 그리 마음이 아픈가.

열심히 노력한 만큼 좋은 결과가 이루어질 것이리라. 꼭 성공하리라 믿는다. 성실하고 끈기도 있고 착한 동생이다. 그리고 동생의 깊은 마음은 이 누나는 조금은 알고 있다. 혈육이 내 옆에 있으므로 든든하고 힘이 난다. (2001)

이웃사촌

  시골에 살려면 모름지기 좋은 이웃을 만나야 괜찮게 살 수 있다. 이 숨 가쁘고 복잡해져 가는 세상을 살아가다보면 영혼이 메마르게 된다. 가끔 이웃사촌은 삶에 시원한 물주기를 대어주기도 하고, 나태해져 가는 심신을 일깨워 주기도 한다.
  어느새 이곳 독정리에 온 지가 33년이나 되었다. 그러고 보니 내 고향보다 오래 살았다. 멀리 외출했다 돌아올 때, 동네 어귀만 보여도 마음이 편안해진다.
  처음 이곳에 정착할 때 방황을 많이 했다. 도로사정도 좋지 않고 비가 오면 진흙땅이라 푹푹 빠지기가 일쑤였다. 특히 낯가림이 심하여 동네에 발걸음조차 디디기가 어려웠다. 환경변화에 몸뚱이가 작아지는 것 같았고 견디기 힘들어 혼자 우는 날이 많았다.

도시에서 살다가 시골 씨족사회에 들어와 산다는 것은 정말 어려울 것이라고 생각했기 때문이다. 텃세 때문에 살 수 있을지 선입견이 앞서서 마음을 내려놓지 못하고 살았다.

해를 거듭할수록 마음속에 어둠이 사라지기 시작하였다. 경아 할머니는 딸자식 대하듯 찾아와 말동무가 되어 주었다. 현희 어머니는 유머감각 뛰어나 한마디 한마디가 정감이 가는 말만 하였다. 나보고 꼬꼬엄마라 부르며 동생 대하듯 하였다. 또 정 붙이고 살라며 만날 때마다 반갑게 대하고 걱정까지 해주었다. 자식들도 많은데 들기름도 1.5리터 음료수병에 담아 선뜻 내주셨다. 고추장을 담아 주시는 분과 김칫거리를 대문 앞에 놓고 가는 분들도 있었다.

갑순 언니는 시어머니 몰래 쌀자루를 챙겨주기도 하였다. 애자 아버님은 고구마를 지게에 지고 오셨다. 그리고 우리 집 일을 많이 도와 주셨다. 우리가 경영하는 산업이 양계산업 중에 (육계) 닭고기를 생산하는 곳이다. 올인 올 아웃으로 경영한다. 생물이다 보니 항상 긴장하며 보살피고 있다.

여름만 되면 가슴 조이며 살았다. 동네에서 냄새가 난다 하면 가슴이 철렁하였다. 어떻게 해서라도 동네 피해를 주지 않고 살기 위해 무던히도 노력했다. 지금도 마찬가지이다. 피해를 주지 않기 위해 새로운 제품이나 시설 등은 아끼지 않고 투자하며 나무도 많이 심었다.

그 모든 것을 감싸주고 배려해 주신 이웃이 있어 오늘날 현대화 사업을 할 수 있었다. 전국에서 빠지지 않는 농장을 만들었다. 엊그제는 건대 농축대학원에서 견학을 다녀갔다. 물을 정수하는 시설부터 농장 건축물을 보고 모두 감탄하였다.

우리 이웃은 정이 많다. 마음속에 사랑하는 마음이 없는 사람은 효자가 될 수 없다고 한다. 사람은 정의 동물이라고 했는데 우리 이웃은 정이 철철 넘치는 분들이 많아 얼마나 살기 좋은 곳이며 감사한 일인지 모른다.

사람은 누구를 만나느냐에 따라 삶이 달라진다. 구름은 같은 구름인데 햇빛과 함께 있으면 노을이 된다. 졸졸 흐르는 냇물이 벼랑을 만나면 폭포라는 이름을 얻는다. 나보다 나은 이웃을 만나면 평생을 벗 삼아 갈 수 있으리라.

양계산업의 특성상 참 어려운 일도 많았지만 변함없이 반겨주고 챙겨주고 나누어 먹을 줄 아는 이웃사촌 인심덕분에 잘 살아가고 있다.

내 이웃은 꽃들을 너무 좋아한다. 화원을 만들어 취미 활동을 한다. 시골에서 찾아보기 힘든 마을이다. 봄이 시작되면 꽃모종 시집보내느라 바쁘다. 나 역시 꽃모종을 붓는다. 접채송화 씨를 받아 많이 뿌려놓았다. 새싹이 많이 날 것이라는 기대에 부풀어 있었다. 아무리 기다려도 나질 않았다. 특별관리를 하기 위해 고무 통에다 집중적으로 씨를 뿌려놓았던 것이다.

가만히 분석해 보니 남편이 그곳에다 소변을 본 것 같았다. 가운데는 나지 않고 바깥 테두리 쪽만 간신히 몇 개가 인사를 한다. 어느 해에는 복수초 꽃나무에 오줌을 누다 딱 걸린 적이 있다. 그 속상한 마음을 갑순 언니에 털어놓았다. "응! 남자들은 그래~." 아무렇지 않게 대답을 한다.

　아마도 잰틀맨 아저씨도 그런 것 같았다. 심지어 꽃모종에다 제초제를 뿌린다. 아낙들이 아우성을 쳐도 소용이 없다. 가만히 지켜보면 약을 줄 데는 안 주고 주지 않아도 될 곳만 골라서 주는 것은 무슨 이유인지 모르겠다. 남자와 여자의 차이점이 너무나 크다.

　그리고 누가 시키지 않아도 신작로에는 꽃길을 조성하는 할머니가 계신다. 내 집안 꽃 가꾸듯이 정성스럽게 꽃을 키운다. 지나가는 사람들은 그 꽃을 보고 감탄한다. 집집마다 꽃 이야기로 화제를 모으며 살아가고 있다. 다육식물부터 꽃나무까지 다양한 꽃들을 가꾸며 살아간다. 새로운 꽃을 발견하면 씨앗을 받아 집집마다 분양하기 바쁘다.

　밭농사 짓는데도 많은 도움을 받아 자급자족 하며 살고 있다. 옥수수모종, 참깨모종, 쪽파씨 등을 아낌없이 보내와서 심으라고 한다. 농사짓는 법을 모르는 나에게는 큰 스승인 셈이다. 농사는 수학공식과 같다.

　부녀회장(우욱주)은 연장자를 모두 형님 대하듯 깍듯하게 대한다. 부녀회장은 아무나 하는 것이 아닌 것 같다. 김장할 때는 떡을 두 서너 말 하여 먹기도 한다. 또 바리바리 싸 준다. 너그러운 마음씨와 정감이 가는 말 한마디에 단합의 힘을 모으게 한다.

인간의 몸으로 태어나 이렇게 좋은 이웃과 사람들을 만나 한 세상을 살아가면서 사랑을 나눈다는 것이 최고 행복이 아니겠는가.

몇 해 전 일이다. 한국경기수필 본상(대상) 수상을 했을 때였다. 부녀회에서 마을회관 앞 신작로에 경축 현수막을 걸어 축하해 주었다. 참으로 고마우면서도 부끄러운 체험을 하였다.

한 달에 한 번 마지막 주 토요일에 만나서 외식을 한다. 누구 말이 옳다 그르다 하지 않고 맛집을 찾아 맛있는 음식을 먹으며 정을 나누고 있다 일가친척보다 더 가까운 이웃사촌으로 살아가고 있는 것이다.

아랫마을 심사장님 역시 딸자식처럼 대해 주었다. 이곳에 터전을 마련하게 해주신 분이다. 들어와서 사는 사람이라고 배척하지 않고 '고생하고 산다.'라고 힘과 용기를 준다. 무심히 던지는 말 한마디이지만 그 말 속에는 깊은 속정과 사랑이 살아있는 것이다. 포용하고 감싸주는 마음이 없고 배척하였다면 내가 이곳에서 고향처럼 살 수 없었을 것이다. 그 덕분에 삶의 긍지를 갖고 살아가고 있다.

만나면 반가워 해주고 토닥이며 손을 잡아 주고, 어깨를 끌어안아 주며 살아갈 힘을 주신 어르신들이 한두 분씩 세상을 떠나고 있어 안타깝다. 내 부모님 보내듯이 마음이 흔들린다. 담배 집 할머니는 우리 애들을 많이 사랑해 주었다. 딸 둘 낳고 아들 낳았다고 내 자식처럼 기뻐하였다.

어느 날 아프시다는 말을 듣고 찾아뵈었다. 그런데 떠나신다는 말도 없이 가버리고 말았다. 빛바랜 그림자만이 내 가슴에 내려앉고 있다.

무표정 시대

웃음이 사라졌다.

소박하고 순진한 본성을 잃어버리고 사는 것 같다. 가끔 대중교통을 이용한다. 청소년을 만나면 말을 걸어 본다. 몇 학년이냐? 학원 가는구나! 많이 힘들겠구나? 하면 무표정으로 나를 쳐다본다. 말을 걸어온 아줌마가 이상하다는 듯 힐끔 쳐다보면 소름이 돋는다.

언어도 부드럽지 않을뿐더러 말을 건 내가 아주 민망할 정도로 싸늘하게 대할 때는 내 가슴이 딱딱해진다. 그런 아이들의 얼굴을 가만히 쳐다보면 로봇 같다. 온기를 느낄 수 없는 아이들이다.

가끔은 부드럽게, 상냥하게 대화를 받아주는 청소년을 만나면 따스하게 느껴져 그 아이의 얼굴을 쳐다본다. 웃음을 띠고 있으며 눈망울 초롱초롱하다. 자식을 3명이나 키우다 보니 정보도 알고 싶고 또 아이들의 세계가 궁금하기도 하여 접근을 해보는 것이다.

나의 청소년 시절을 생각해 본다. 엄격한 가정교육이 생각난다. 말을 버릇없이 하면 혼이 났다. 행동도 올바르게 하지 않으면 그 즉시 야단을 맞았다. 웃어른들을 만나면 정중하게 인사를 드려야 했다.

선후배간에도 알건 모르건 한 학교에 다니면 꼭 인사를 하였다. 친구관계도 돈독했다. 부모님만큼 좋아하며 지냈다. 낙엽만 굴러도 깔깔대며 함께 웃던 친구들 때문인지 사춘기도 모르고 지냈다. 그래서인지 나이가 들어 객지에 흩어져 살아도 우정은 변함없다. 그러나 지금은 어떠한가. 감동도 감격도 웃음도 만날 수가 없다.

선생님의 훈시에 감동하는 학생도 드물다고 한다. 오히려 잘못 했는데도, 야단맞았다고 경찰에 신고를 한단다. 교육이라는 것은 지식을 가르치는 것이고 그리고 성숙하지 못한 사람을 발육시키기 위해 계획적으로 가르치는 것이라고 알고 있다.

옛날에 교사 직업을 말할 때 교편 잡고 있다고 소개를 하였다. 교편(敎鞭)이라는 것은 교사가 되어 학생을 가르칠 때 쓰는 회초리이다. 요즈음은 물론 야단맞은 이유도 알아야 하고 감정적인 교육은 불씨를 만들기도 한다. 그만큼 가정이건 학교건

교육이 어려움에 처해 있는 것이다.

고3인 내 아이도 찬바람을 일렁이게 한다. 제암리 3·1절 행사에 시 낭송을 하게 되었다. 시를 쓰면서 자문도 구하고, 낭송도 해보았다. 낭송을 하다가 친정아버님 생각에 울컥하여 눈물을 흘리고 말았다. 딸애가 그 중요한 자리에 가서도 울 것이냐며 냉정하게 말을 한다. 밤낮으로 대학 입시에 시달리는 딸에게 분위기를 바꿔보려다가 검열을 받은 기분이 되어 버렸다.

살아온 시대가 달라도 너무 다르구나. 삭막하고 정서가 메말라 가는 것만 같다. 사회분위기가 그런 것인지 모르겠다. 문학작품을 읽으며 감동하지도 않고, 음악을 들으며 가슴을 녹이는 것도 없다면 이 세상을 어떻게 살아갈까 사뭇 걱정도 된다. 마이클 잭슨이 왔다고 유명 연예인 공연에서는 괴상한 몸짓 괴상한 음성을 내고 있다. 입시 교육으로 인해 본성을 잃어버린 것인가.

청소년들에게 새로운 교육이 요구되는 시기이다. 청소년들의 심성을 부드럽게 해줄 정서교육이 정말 필요하다고 생각한다. 책을 많이 읽던 시기가 사라지고 있는 것이다. 어떻게 해야 할까? 입시 때문에 책을 많이 읽어보라고 할 수도 없다. 내가 감동 받았던 윤동주「서시」, 김소월「진달래꽃」, 서정주「국화 옆에서」, 한용운「알 수 없어요」는 지금 읽어도 가슴이 뭉클하다.

윤동주의「서시」 '잎새에 이는 바람에도 나는 괴로워했다.

죽는 날까지 하늘을 우러러 한 점 부끄럼 없기를~' 식민지 속에서 괴로움을 느꼈던 그 섬세한 심성이 오늘날까지 감동을 주고 있다. 살다보면 골치가 아픈 일들이 생긴다. 그것을 해소시키기 위해 학창 시절에 무조건 외웠던 시들을 중얼거린다.

봄엔 새소리 듣고, 여름엔 매미소리, 가을엔 풀벌레소리와 겨울엔 눈 내리는 것을 보고 감동하며 자란 우리와는 너무나 다른 무표정 시대이다.

(1999)

정월대보름 유년의 단상

　나이를 먹어갈수록 유년의 그림자를 그리워하는 것은 왜일까? 남편과 밥상을 마주하고 앉아 느닷없는 질문을 해보았다. "당신은 정월 대보름날 무슨 놀이하고 놀았어요?"라고.
　유년 시절은 설날부터 정월대보름까지 몸과 마음, 정신까지 부자였고 행복했다. 마을 구석구석 음식 냄새가 나고 집집을 돌며 세배를 다녔다. 세배를 마치고 나면 나오는 음식은 모두 집에서 손수 만든 것이라 어찌 맛이 없을 수 있으랴.
　인절미를 말랑말랑한 홍시에 찍어먹는 감촉, 침이 절로 넘어간다. 정월 초하루부터 대보름까지 놀이들이 쉴 새 없이 펼쳐졌다. 남자아이들은 연날리기, 자치기, 팽이치기 여자아이들은 숨바꼭질, 널뛰기, 남녀 함께 제기차기 등 온 동네가 떠들썩하였다.

정월 대보름날 논두렁 밭두렁 태울 때는 은근히 부모님이 뒤에서 도와주었다. 온 동네가 들썩거리며 놀던 놀이는 정월 대보름날로 끝을 맺고 본업으로 돌아갔다. 그래서 뻔한 대답일 것이라고 여겨 물었는데 엉뚱한 대답을 했다. 남편은 가족한테 무뚝뚝하고 인정머리 없는 사람이면서도 가끔 코미디 같은 소리를 해서 배를 쥐고 웃게 하는 경향도 있다. 삶의 숙제 앞에서는 '너 마음대로 해라' 소리치며 자극을 주는 사람이다. 이지적이고 독립심이 강한 마누라를 이해하는 척하다가 피를 말릴 정도로 따지며 심문하는 혹독한 검사가 되는 사람이다. 세상에서 아주 특별한 이 사람은 유년 시절 무슨 놀이를 즐기며 놀았을까? 하는 궁금증이 발동하였던 것이다.

남편은 나보다 5년 연상이다. 추억을 이야기 할 때는 친구가 되기도 한다. 유년의 단상 이야기를 할 때는 대화가 잘되고 뜻이 통하는 것은 아련하게 떠오르는 생활문화가 같은 곳에서 자랐다는 점이기도 하다. 그래서 넌지시 정월 대보름날 놀이만 묻는데 빙긋이 웃으면서 "남의 집 모시 밭 태우며 놀았제?"라고 능청스럽게 대답을 한다.

옛날 남쪽지방에서는 여자들은 부업을 길쌈으로 하면서 가정경제의 밑거름이 되는 역할을 톡톡히 했다. 긴긴 겨울밤이면 어느 집을 정해놓고 고구마 삶은 것과 김치조각을 나누어 먹으면서 여인동락으로 인생 꽃을 길쌈에 묻고 살았었다.

길쌈의 재료가 모시이며 모시밭을 잘 가꾸고 보존해야 봄이 면 오동통한 새싹이 올라온다. 잘 성장한 모시풀은 농번기 끝난 여름철에 베어다가 도랑물에 푹 담가 두었다가 껍질을 벗겨 말린다. 그 소중한 모시밭은 볏짚으로 두둑하게 옷을 입고 겨울을 나는데 모시밭을 태우면서 놀았다는 소리에 웃음이 터져 나왔다.

정월 대보름날 저녁이면 온 동네 아이들이 집 앞 논으로 나와 놀기에 바빴다. 하늘에는 둥근 보름달이 놀기 좋게끔 비춰주었다. 불쏘시개를 만들기 위해 빈 깡통을 어렵게 구해 나무 막대기를 넣고 모시껍질을 둘둘 말아 성냥을 그어 빙글빙글 돌리면 불꽃이 살아났다.

대보름날만은 부모님께서 밖에 나가서 놀도록 배려해 주었다. 동생들 데리고 높은 언덕마다 뛰어 오르내리며 정신없이 헤집고 다녔다.

동생들과 신나게 뛰놀다가 집에 돌아와서 대바구니에 담긴 차가운 오곡밥의 맛은 잊을 수가 없다. 감칠맛 나는 그 맛, 배가 불러 뒤돌아섰다가 또 먹고 먹었던 오곡밥이었다.

묵묵하던 아버지, 어머니들도 보름날 아침이면 이름과 아명을 그리고 별명까지 부르며 "내 더위 다 사가지고 가라."며 더위 파는 소리가 정겹게 담을 넘을 땐 우리는 낄낄대고 웃었다. 귀밝이술 한 잔 하자며 이웃과 도란도란 모여 정을 나누었다.

우리 부모님들은 참으로 열심히 사셨다. 이웃과 정을 나누며 음식 하나라도 나누어 먹던 삶들은 내 머리 속 깊은 곳에 숨어 있다.

인간과 인간을 이해하는 기초는 문화였다. 인간을 이해시키는 큰 통로였다는 것을 알 수 있다. 그 속에서 믿음과 사랑이 피어났고 그것이 인간의 삶 중에서 제일 아름답게 빛나는 것이 아닌가 싶다.

30년을 손잡고 걸어가면서 남편을 이해 못 할 부분이 많았다. 남편 또한 나를 이해하지 못하고 쏟아 붓는 언어에 내 가슴은 구멍도 많이 났다. 그런 사람이 사회 활동하는 것만은 한 번도 안 된다고 하지 않았다. 깊은 샘물은 두레박줄이 짧으면 물을 떠먹기가 여간 힘들지 않다.

나는 그런 사람에게 물을 길어 먹으면서 십자매처럼 감수성을 가지고 희망과 용기를 잃지 않고 자녀 교육에 온 힘을 쏟으며 살아왔다. 그 알다가도 모를 깊은 배려 덕분에 문학과 함께 사회봉사 활동은 또 다른 삶의 돛단배였다.

정월 대보름달은 모처럼 추억의 고향 길로 안내하고 있다. 생각도 많아진다. 아무도 살지 않는 고향집도 나를 밀어내고 있다. 그리움이 가슴속에 가득 찬다. 유년의 단상은 왜 자꾸만 멀어져 가는가. (2011)

조용히 기다리세요

이웃동네에서 무청을 잔뜩 주었다. 김치 담그기 바쁜 날이었다. 전화벨 소리가 요란하다. 받을까 말까 망설이게 되었다. 시도 때도 없이 걸려오는 광고 전화가 부쩍 늘어났다. 전화벨 소리는 제발 받으라는 듯이 길게 울리고 있었다. 무슨 일이 있는 전화벨 소리 같아 간단하게 손을 씻고 뛰어가서 전화를 받았다.
"아무개 댁이시죠?"
"아! 네."
"택배회사인데요. 위치가 어디쯤 되십니까?"라고 위치를 물어왔다. 크고 작은 공장들이 많이 있다. 큰 길 옆에 공장이름을 대며 농장 위치를 설명했다. 그러자 "좌측에 있는 농장이요?" 한다. 그렇다고 대답하였다. 그러자 오늘 오후 4시쯤 갈 테니 "조용히 기다리세요." 한다. 나는 황당하여 "네…" 하고 전화를 끊었다.

　전화를 끊고 한참을 멍하니 있게 되었다. 택배 아저씨가 던진 한마디를 생각하니 웃음이 나왔다. 결혼한 아저씨가인가 보다. 자기 부인한테 쓰는 말을 손님한테까지 쓰게 되었나 보다 생각하니 웃음을 참을 수가 없다.

　남편한테 전화를 걸었다.

　"당신 이름으로 택배가 온다는데 택배 올 데 있나요?"

　"아니 없는데…."

　"택배 아저씨 말씀이 걸작이에요. 글쎄 나보고 오후 4시에 간다고 조용히 기다리라고 하네요." 하자 남편 역시 웃는다.

　말과 문자에는 철학이 있다고 배웠지만 오늘처럼 택배 아저씨 언어구사에서 철학을 발견한 것은 처음이다. "조용히 기다려 달라."는 말은 잘못 들으면 오해를 불러올 수 있고 그냥 들으면 철학이 있는 말이다. 하루에 수십 집을 방문하는 직업이다. 때론 한 집을 두세 번 갈 경우도 생길 것이다.

　주인은 없고 집 보는 개만 마구 짖어댄다면 얼마나 힘들까? 전화라도 받으면 훨씬 수월할 것이다. 배달할 물건은 많은데 전화까지 받지 않는다면 답답하여 스트레스를 많이 받을 것이다.

　오늘 택배라는 직업을 곰곰이 생각하며 김치를 담갔다. 어디에서 무엇이 오는지조차 물어 보지 못했다. 오후 4시라는 숫자를 머릿속에 넣고 시계만 쳐다보게 되었다. 카랑카랑한 목소리를 듣고 보니 시간을 잘 분배하며 능란하게 일을 잘 할 것이라는 생각도 하게 되었다.

때마침 남편 귀가시간과 맞물려 택배 아저씨를 남편이 마중을 하고 말았다. 남편이 들어오면서 "당신이 주문 한 것 같은데. 멸치 액젓이야." 한다. 어제 주문했는데 참 빨리도 왔다. 세상 정말 살기 좋아졌다. 옆 동네에서 사 달라고 부탁해서 산 것인데….

오늘 택배 아저씨 한마디 때문에 말의 위력에 대해서 생각하게 되었다. 말을 함부로 하는 사람치고는 잘 사는 사람이 없고 욕설까지 내뱉는 부모 밑에서 자란 자식들은 잘 되는 사람 또한 없다고도 한다. 또 말은 그 사람의 인품을 나타낸다. 말을 따뜻하게 하는 사람은 마음씨가 곱다고도 한다. 남에게 상처 주는 말을 하면 그것은 부메랑이 되어 자신에게 돌아간다고도 한다.

무심하게 던진 말 한마디 속에 마음을 드러내던 택배 아저씨 얼굴은 보지 못했다. 그렇지만 아저씨의 가정에 행복과 안전운행을 빌어주고 싶은 마음이었다.

(2007)

초원 위에 그림 같은 화성

며칠 전 일이다.

딸아이가 바람이 구름을 걷어 가는 말을 한다.

"엄마는 어릴 때 꿈이 무엇이었어요?"라고

꿈이라는 말에 투명한 하늘 같은 마음이 펼쳐졌다. 곰곰이 생각하다 재미나게 대답하고 싶다는 마음이 일어났다. 꿈이 두 개라고 말하였다.

하나는 대통령이 되는 꿈이었고, 또 하나는 초원 위에 그림 같은 집을 짓고 사랑하는 님과 함께 살고 싶은 꿈이었다고 대답했다.

그 소리를 듣고 딸애는 배꼽을 쥐고 깔깔대며 자지러지듯 웃기 시작했다. "아니 엄마께서 꿈이 대통령이었다고요?"라며 그칠 줄 모르게 한참 웃다가 갑자기 "엄마! 엄마! 앞에 꿈은 안

맞는데 뒤에 꿈은 맞는 것 같아요. 지금 엄마는 그렇게 살고 계시잖아요?" 하면서 눈이 휘둥그레지면서 "어쩜, 엄마는 그렇게 맞게 살지?" 하며 궁금증을 계속 물어온다.

꿈 많던 중학생 시절을 생각하니 웃음이 나온다. 영어를 배우는 것이 너무 재미있었다. 도서관에서 문학전집 책을 빌려다가 많이 읽었다. 책에 푹 빠져 읽다가 시간 가는 줄 몰랐다. 새벽닭 홰치는 소리에 놀라 잠이 드는 일이 많았다. 이상적인 세계를 꿈꾸기 시작했던 것도 있었다. 높은 산과 바다가 둘러싸인 곳에 태어났다. 앞뒤 막힌 산야가 왜 그렇게 답답하게 느껴졌는지 모른다. 어서 빨리 성인이 되어 넓은 곳으로 나가고 싶었다.

딸에게 큰 꿈을 가지라는 뜻으로 대통령이었고, 사랑하는 님과 함께 살고 싶다는 것은 여자는 남자를 잘 만나야 되다는 뜻이었다. 나의 꿈은 선생님과 군인이나 경찰이었다. 그 꿈은 하나도 못 이루었다. 딸들만은 제 꿈을 이루고 살았으면 하는 어미의 깊은 마음이다.

초원 위에 그림 같은 집은 되지 못하지만 비슷하게 살고 있다. 천혜자원이 잠자는 화성 땅에서 그림 같은 농장을 만들어 딸, 아들 낳아 잘 살고 있다. 어쩌다가 친정 나들이를 가면 며칠을 못 넘기고 서둘러 집으로 올라온다. 화성군이라는 이정표가 눈에 들어오면 가슴이 탁 트인다.

그렇다. 정말 화성은 살기 좋은 곳이다. 적절한 기후 조건과 간척지에서 생산되는 쌀의 맛은 어디에 내놓아도 자랑할 만하다. 내가 제일 좋아하는 수산물도 아주 풍부한 곳이다. 사람이 살기에 제일 적합한 곳이라고 말할 수 있다.

송산 포도는 꿀맛이다. 포도를 먹고는 가도 지고는 못갈 정도로 포도를 좋아한다. 방대한 넓은 포도밭은 살아있는 그림이다. 시골에 살다보니 도시에서 친구들과 지인들이 많이 놀러온다. 그러면 화성 쌀과 송산 포도를 많이 추천한다.

송산 양지농원에 가서 인심 좋은 농장 주인을 만나 보라고도 한다. 맛보기로 상자째 내놓으시며 "실컷 배부르게 드시라."고 한다면 "정말이냐?"고 의아해 한다. "요즈음 세상에 그런 곳이 있느냐?"고도 한다.

믿거나 말거나 가보라고 하면, 찾아가는 분이 종종 있다. 다녀가신 분은 하나같이 이렇게 말한다. "화성군이 이렇게 인심 좋은 곳인지 몰랐다."라고 하면 기분이 좋아진다.

과수원 주인이 우리가 단골이라고 그렇게 인심을 쓰는 것이 아니다. 찾아오는 모든 분들에게 그렇게 한다. 주말에 과수원에 가면 차가 많이 밀린다. 대부도에서 나오는 차들과 겹치면 큰 도로는 꼼짝없이 서서 기다리며 거북이걸음이다.

그러나 우리 일행은 미로 찾기처럼 다른 길을 찾아서 집으로 돌아온다. 그러면 "와! 화성 땅 정말 넓다. 화성 사람들은 푸른 초원 위에 그림 같이 살고 있네."라는 말을 듣는다. 그렇게 말을 할 수밖에 없다. 과수원과 더 넓은 벌판을 둘러보면 더욱 그렇다.

군민의 염원이었던 군 청사 이전 개청식 한마당 잔치를 앞두고 벌써부터 사회단체장님들은 바쁘다. 잔칫집 분위기를 내고 있다. 행사 기간 중에는 제발 춥지 않게 해달라고 이구동성 말하는 모습에 은은한 온기가 퍼진다. 장안리에 계시는 분은 쌀 한 가마니로 동동주를 담가 기증하겠다고 한다. 여기저기에서 서로 도와주겠다고 나서는 지역 주민들이 많다.

가장 인간적이고 삶의 질을 높이고 행복을 나누는 아름다운 모습이 아닌가 싶다. 나 개인적인 수익만 따지지 않고 지역행사에 동참하고 따뜻하게 살아가고 있다. 노랗게 물들어가는 은행나무 꼭대기에서 까치도 한 목소리를 내고 있다.

(2000)

여성 산악회

막걸리 한 잔을 앞에 놓고 벗들과 함께 웃음을 나누는 시간을 갖게 된 조암농협 여성 산악회이다. 높은 산을 올라가고 계곡물에 발을 담그며 한바탕 웃으며 인생살이를 털어내는 산악회가 탄생된 것이다. 지천명 훨씬 넘긴 여성들이 이렇게 많이 모여 활동을 하게 된 것은 대단한 일이다.

한 달에 한 번씩 모여 차량 7대가 움직인다. 산악회 가는 날은 아무도 간섭받지 않고 산행하며 도시락을 먹는다. 모처럼 가정의 테두리를 벗어나 관광차 안에서 뜨겁게 놀면서 스트레스를 확 날리게 된다. 공식적으로 만나서 노는 날이라 우리들의 기세는 당당하다 못해 넘친다.

힘든 농사일을 하다보니 소주 한두 잔은 기본이다. 그것이 신체적으로 맞아 즐기는 여성도 많다.

"자! 소주 한 잔 해유?"

"안주는 뭐에요?" 김치통에 바리바리 싸 가지고 온 풋고추를 내놓자, "뭐니 뭐니 해도 안주는 싱싱한 고추가 최고여, 여자들한테는…." "하하하."

오늘따라 웃음소리도 터프하다. 가만히 듣고 있던 기사양반이 한 술 더 떠서 말한다.

"풋고추보다 희나리 고추가 톡 쏘며 제 맛이 나는 거여."

그 소리에 웃음보따리가 폭탄을 맞은 것처럼 웃어젖힌다.

모두가 마음을 풀어 놓고 넉살과 익살을 떨며 산행을 떠난다. 노는 모습도 다양하다. 산을 좋아하는 사람은 산을 열심히 타고, 건강상 산을 오르지 못하는 사람들은 산 아래에서 막걸리에 빈대떡을 안주 삼아 하루를 즐긴다. 개성이 각각인 여성들이 대대 병력처럼 보여 산악회를 만들어 삶을 즐긴다는 것은 찾아보기가 쉽지 않다.

농협에 여성 지도자가 탄생되다보니, 여성 산악회가 생긴 것이다. 여성들의 변하지 않는 본질을 조금이라도 변화시키고자 했던 것이다. 그리고 또한 농협발전에도 여성들이 관심을 가져야 한다는 밑그림도 있는 것 같다. 그러자면 여성 지도자는 신경이 많이 쓰이는 것도 사실이다. 그것을 알기에 적당한 선에서 즐기며 산행을 하는 것도 맛있어 보인다.

봄은 여자의 계절이라고 했던가. 봄이 이렇게 여자들의 마음을 더욱 설레게 하며 표현도 스스럼없이 한다. 진달래, 개나리가 흐드러지게 피어 산악회의 분위를 더욱 고조시키고 있다. 힘든 농사일로 쌓인 노고를 풀어주는 것만 같다.

그동안 숨겨 놓았던 끼를 마음껏 발휘하며 노래도 부른다. 여성들이 살아온 삶은 여성들이 더 잘 안다. 시집살이, 남편의 등쌀, 아이들 낳아 기르고 교육시키는 몫은 모두 여성이 아닌가. 젊고 화려했던 세월은 모두 떠나보내고 등산조차 할 수 없는 몸이 되었다. 아픈 다리를 이끌고 산악회에 따라오는 형님들도 많다. 그렇다고 기죽지 않고 소주 한 잔이라도 먹는 시늉을 하며 즐기는 모습이 애잔하다.

관광차 기사님들도 속도를 준수하며 적당하게 기분을 맞춰주며 달린다. 인생의 즐거움을 맛보는 순간이다. 영원히 다닐 수 없는 길이다. 때가 되면 말없이 내려야만 하는 그 길이다.

내가 살아온 그동안의 고달픈 삶을 먼지 털듯이 털어내고 삶의 가치를 새롭게 발견하는 계기라 되리라. 그리고 무뎌져 가는 감수성을 일깨우며 새롭게 거듭나서 모두가 건강하게 살아가기를 바란다.

(2000)

해 후

　'아유, 덥다.' 더운 여름을 이겨내기 버거운 나의 입에서 저절로 나오는 소리다. 올해도 유난히 덥다. 책을 읽으면서 무더위와 싸우고 있는데 전화벨이 울린다.
　"여보세요?"
　꿈인지 생시인지 20년 만의 친구 목소리가 아닌가. 친구는 내 목소리를 듣는 순간 울먹이기 시작한다. 나 역시 마음이 울컥해진다. 상처가 너무 큰 것을 견뎌내고 살아온 친구이기에 자연스럽게 대화를 하였다.
　"그래 그동안 잘 지냈니?"
　"응, 덕분에 잘 살았고 어제 아들을 잘 키워 유학 보내놓고 공항에서 뒤돌아서는데 네가 제일보고 싶더라."
　"네, 은혜는 두고두고 잊을 수 없어."

그 소리를 듣는 순간, 내 마음이 쩌~억 갈라진다. 옆에 있다면 둘은 부둥켜안고 눈물바다가 될 정도로 울 것만 같다.

"별것도 아닌데 기억하고 있었니?"라고 대답만 하였지만 가슴이 먹먹하였다.

세상에 몇 년 만인가? 마음 한 구석에 짠한 마음으로 남아 있는 친구다. 그동안 혼자서 아들 키우며 살아왔을 친구의 삶이 그려진다.

20년 전 핏덩이 아들 하나를 고귀한 선물로 받은 날, 끔찍하게 사랑하던 남편을 만날 수 없는 곳으로 보내고 말았다. 갑자기 닥친 병마를 이겨내지 못하고 떠나고 말았다. 너무 일찍 가는 그분도 얼마나 마음이 아팠을까? 막연하게 멍하니 보내는 친구의 마음은 또 어떠했을지. 나는 그 비보를 멀리서 받고 가슴이 찢어는 아픔을 겪게 되었다.

친구의 남편은 나도 잘 아는 분이었다. '내 친구 어떻게 살아? 어떻게 하면 좋을까?' 몇 날 며칠을 가슴앓이 하면서 지내었다. 그러다가 친구를 어떻게 도와줄까 깊은 생각을 하게 되었다. 남편을 살려 보려고 병원생활을 했을 것이다. 당장 아이를 키우고 살자면 먹고 살아야 한다. 그러면 '쌀'이 필요할 것 같아 쌀 한 가마니를 보내주었다. 그리고 나 역시 너무 바빠서 모든 걸 잃어버리고 살고 있었다.

언제가 엄마가 올라 오셔서 한 말이 생각난다. 친구의 남편은 죽음을 앞두고 친구에게 "시집가지 말고 아들 잘 키워 달라."는 말을 남기고 갔다고 했다. 친구의 목소리에 그 말도 함께 묻어난다. 마음이 세차게 아프기까지 한다. 얼마나 고생하면서 살았을까 싶다. 같은 시대에 자식을 키우는 입장이다 보니 마음이 찢어질 듯 아프다.

참 고달픈 인생을 어떻게 살아왔는지 외롭게 홀로 살아온 세월을 이겨낸 친구가 자랑스럽다. 젊은 청춘을 고스란히 남편의 몫까지 짊어지고 한 마리 학처럼 살아온 친구가 위대하기까지 하다. 혼자서 살기 위해서는 밤마다 베갯잇에 눈물을 많이도 흘렸을 것이다.

친구는 혼잣말처럼 했다.

"열심히 살아왔노라고 친구에게 후배에게 전화 한 번 못하고 지금까지 살아왔노라고."

그렇다. 혼자라는 것 때문에 주위에서 동정 어린 손길이 부담이 되었을 것이고 잘못하면 오히려 마음의 상처만 받을 것이라는 걸 알고 대처한 것 같다.

나의 형편상 더 많은 것을 도와주지 못했다. 남편 모르게 살짝 보내준 것이다. 그것을 감격하며 살아왔고, 그것을 잊을 수 없다며 전화를 걸어온 친구가 오히려 고맙기까지 하다. 그 모든 것이 밑거름이 되어 푸른 소나무처럼 꿋꿋하게 살아오면서 아들을 잘 키워 유학까지 보낼 정도면 성공한 것이리라. 앞으로도 더 좋은 일만 있으며 친구의 삶이 헛되지 않고 행복하기만을 빌어본다. 정말 뜻밖의 해후에 한참 정신을 놓고 있다.

(2001)

기분 좋게 살 수 있다면

　자연은 아름답다 못해 고귀하다.
　남양호수에 찾아드는 철새들이 줄을 지어 여유로운 생활을 추구하는 것을 바라보노라면 예민한 감수성에 빠지는 것은 왜 그럴까.
　경기도 서남부에 위치한 화성은 충, 효, 예, 향의 고장이다. 민족의 혼이 살아 숨 쉬는 수많은 문화를 간직하고 인간의 근본이 되는 효의 문화가 잔잔히 피어오르는 곳이다. 마음의 고향 텃밭에서 창작행위를 할 수 있음에 보람과 긍지를 갖고 있다고 해도 과언이 아니다.
　특히 문화유산과 갯냄새가 가득한 기분 좋은 화성은 자연경관이 어우러져 알칼리 성분이 많은 간척지에서 기름진 쌀이 생산되는 곳이다.

무한한 상상력 속에서 문학의 정신세계를 이끈 「나는 왕이로소이다」의 노작 선생님 같은 선구자가 계셨기에 아름다운 문학의 고장이 아닌가.

노작 홍사용 선생의 탄생 101주년이 지난 지금에야 노작문학상추진위원회가 구성되었다. 초대 지부장을 맡아 '화성문학' 발행과 동시에 문학적 업적을 기리고 영원한 문화가 탄생되어 감회가 새롭기 그지없다.

앞으로 우리 지역 문인들이 창작행위에만 충실할 것이 아니 문학 활동을 배제하지 않고 현재와 미래를 위한 확고한 자리매김을 앞당겨 끊임없이 노력해야 할 것이라고 본다.

21세기의 현대사회에서 참 정신을 추구하는 문인들의 밝은 미래를 창조하는 표본이 되고 향토문학의 자존심을 확고히 다져야 한다는 것이 솔직한 소망이다.

열한 해를 같이 해온 덕분에 문협 지부장이 되었다. 여성이라는 성차별 때문에 출발할 때 창작행위와 문학 활동을 놓고 태풍과 풍랑을 만난 선장이 되었다. 창작행위만 고집한다면 문학단체는 허수아비일 뿐 아니라 문학적 사업은 물론이고 문학 발전은 어떻게 되겠는가. 침몰하지 않기 위해 묵묵히 걸어가기 위해 인간미가 없는 대립과 싸움 속에서 오늘의 위기를 극복하기 위해 가슴을 녹여야만 했다.

진실한 사랑으로 이기주의를 극복하기 위해 나를 각성하면서 희생적으로 문학 활동과 저변확대에 노력을 해왔다.

　침묵과 쓰라린 인내는 자연섭리처럼 되었고 이제는 따뜻한 웃음보따리를 보내오며 문학에 매진하는 모습이야말로 진정한 문인이 아니겠는가.

　화성 8경, 화성 8미로 꼽는 내 고장은 세계에서도 찾을 수 없는 곳이다. 이 고장을 자랑스럽게 생각하고 바다 냄새와 풍광 속에서 싱싱한 해물 맛보듯 문학의 중요성을 깨닫고 글쓰기를 사랑하는 분들이 모여들기를 바라마지 않는다. 열린 마음으로 이 시대가 요구하는 문인의 사명감으로 정진하기를 또한 빌어본다.

　끝으로 첨언한다면 오늘이 있기까지 어려운 여건을 극복하기 위해 밑거름이 되어주신 역대 지부장님을 비롯하여 기관단체에서도 힙리직인 인긴으로 생각해주고 문협 발견을 위해 도외주신 분들께 감사드린다. 애틋한 사랑을 쏟는 회원 여러분과 적극적으로 도와주겠다고 나서시는 도 지회장님과 각 시, 군 지부장님 선배 문인들과 함께 제11호의 출간의 기쁨을 함께 나누고 싶다.

(2001)

삶의 발자취

*경기도 화성시 장안면 한천 3길 38
1981년 1월 25일 최길영과 남해 해양예식장 결혼
1981년 2월 20일 서울시 동작구 신대방동 신혼
1981년 12월 5일 경기도 수원시 구운동 양계산업 시작
1981년 12월 19일 장녀 혜선 태어남
1983년 07월 11일 차녀 혜연 태어남
1984년 10월 20일 경기도 화성시 장안면 독정1리
　　　　　　　영남농장탄생
1986년 12월 4일 아들 기석 태어남
1989년 KBS 앞서가는 농어촌 방영
1998년 축산기술연구소 연구농장 수출용 닭고기 생산성공
　　　　　육계경영 성공사례 발표, 한국농업대학 현장학습농장
2012년 9월 현대화 사업추진, 양계산업 과학적으로 탈바꿈.

<등단패>
1997년　문학 21 (수필)
2008년　문예비견 (시) 등단.

<상패>
2003.　(사) 한국경기수필 작품상
2012.　(사) 한국경기수필 본상 수상.
2016. 국제문학상 수상

<문단활동>
1993. 화성 문인협회 활동
1997. 한국문인협회 수필분과 회원 증명서 받음
한국문인협회, 한국경기수필, 경기문학 회원
화성문인협회 고문
한국문인협회 화성지부장 역임
화성 넝쿨문학 회장 역임
화성시 승격 주부백일장 개최
노작 홍사용 탄생 기념 학생백일장 개최
노작문학상추진위원회 구성
노작문학상운영위원회 결성
제1회 노작문학상 시상식(문예진흥원)
정조효행문화행사기념 학생백일장 개최
정조효행문화행사 시화전
제2회 노작문학상 시상식
한국경기수필 이사
한국문인협회경기도지회 당연직 이사 및 윤리분과위원 역임
문학 앤 문화 현 편집위원

<문학작품 발표>
한국경기수필, 경기문학, 화성문학, 창작세계, 문학앤문화, 한국작가, 아름다운 동행, 한국시학, 농민문학, 문예비전, 문예사조, 문학21, 비젼 삶과 문학, 한국명수필발간위원회, 불교저널, 경기일보, 오산화성신문, 농축산신문, 용인문화원, 경기문인대표작품선집, 한국의 명수필선(4) 99인 외 다수.

<상장>
1992. 화성교육청 성공사례발표 우수작품
1992. 화성문화원 경로효친선양 글짓기공모 수상(2회)

1993. 초등학교 고전읽기 행사 우수상
1993. 화성군 주부 백일장 수필 수상
1994. 경기도 주부독후감 공모 수상
1994. 세계 환경의 날 기념. 환경마당 백일장 수상
2003. 전국 양축농가 수기공모 우수상

< 표창장>
1990. 조암농협 주부대학학장 표창
1993. 대한적십자사 경기도지사 표창
1993. 경기도지사 표창
1998 경기도지사 표창
1999. 경기도지사 표창
2000. 화성군수 표창
2001. 대한적십자 총재 표창
2006. 대한적십자사 경기도회장 표창
2010. 대한적십자 총재 표창
2011. 화성시장 표창

<위촉장>
1992. 화성군 부녀자원 상담원
1999. 화성문화원 이사
1999. 바르게살기 운동추진위원
2000. 화성경찰서 자율방법 운영위원
2001. 세계도자기 엑스포 홍보위원
2001. 수원효원고등학교 명예교사위촉
2001. 민주평화통일자문회의 자문위원 (대통령)
2001. 민주통화통일 자문회의 화성시 여성분과위원장 임명
2004. 화성시 환경 명예감시원

2008. 화성시 장안면 대동문화제 추진위원
2009. 화성시 장안면 주민자치위원

<교육>
1990. 화성교육청 학부모교실 교육과정 이수
1992. 한국심리상담 연구소 부모역할훈련 이수
1999. 경기대학교 부설 중등 교원연수원 성교육,상담 전문과정 수료
2000. 수원여자대학 사회교육원 호스피스전문교육 수료
2000. 경기대학교 교육대학원 여성최고지도자과정 졸업
2003. 한국농촌문화 연구회 여성농업인 전문교육 수료
2003. 한국청소년마을 경기도 청소년 지도위원 수료
2003. 중앙대학교 예술대학원 문예창작전문가과정 합격증
2004. 중앙대학교 예술대학원 수료.

<감사패>
1992. 장명국민학교 총동문회
1992. 장명국민학교장
2002. 화성문화원장
2002. 수원 효원 고등학교장
2003. 화성문인협회 회원일동
2003. 민주평화통일회의 화성시 협의회장
2003. 화성시 장안면 사회단체협의회장

<공로>
1996. 화성군수
2003. 화성시장
2006. 한국문인협회 경기도지회 문학공로
2007. 화성문화원장